U0016355

完美練習

成功解鎖1萬小時魔咒，
將技能轉為本能的學習法則

Practice Perfect

42 Rules for Getting Better at Getting Better

Doug Lemov　Erica Woolway　Katie Yezzi
道格・勒莫夫　艾麗卡・伍爾維　凱蒂・葉次 —— 著

陳繪茹 —— 譯

CONTENTS

CHAPTER 2

如何進行完美練習？

CHAPTER 3

善用範例，讓練習更精準

CHAPTER
4
擴大練習效果：回饋意見

CHAPTER

5 如何在團隊裡進行完美練習？

CHAPTER 6

在完美練習中獲得新技能

〈推薦序〉

好老師一定要懂得「完美練習」

溫美玉

我花了相當長的時間閱讀這本書，過程中邊讀邊檢索並檢討過往的教學，包括教室的師生互動，還有幾十年來在研習場上培訓教師的歷程。閱閉掩卷，感覺把過去似是而非的學習法則都釐清了，也乖乖修正了錯誤的觀念，並且打算循著書中脈絡好好「練習」。

近年來我在教學及研習場上最大的突破，就是利用教學輔具直接請學生或學員老師們操作。親眼目睹學員在我設計發明的系列功能性白板上，不管是圖解數學題目，抑或將人物的情緒、性格圈出來，或是把台灣四百年間每個地區重要事項，用文字／符號標示在地圖板……這些讓學習者樂在其中不肯下課的理由，其實就是把學習和練習無縫接軌，將教學當作如運動技巧一樣指導。學員盡情在場上練習，不管是透過個人實踐還是團體動力的競合，不僅充滿樂趣，教學能力立即升級，還能得到最佳指導。

另外，身爲第一線教師在現場實踐得多，卻也可能無意間把成功且最關鍵的細節忽略，甚至往反方向前進卻不自知。我對書中提及：「評判」和「糾正」的差別很感興趣。作者說：「評判是告知當事者如何改進，而糾正則會更進一步回頭以不同方式再進行，而且越立即糾正成效越理想。」的確沒錯！教學爲何常常無效，因爲我們總以爲說了（甚至做了）一遍示範，學習者也應該明白，但現實卻非如此。

當慢則慢的道理誰都明白，能否更具耐心與方法理出頭緒，而且還得抓出眞正的癥結又是另個層次啊！

具備上述觀點之後，也許你會擔心要求如此細微，難保學習者不跟你翻臉，畢竟「被糾正」是件讓人相當無奈甚至惱怒的事，更沒有人喜歡一再重來。還好，作者非常接地氣，依據多位卓越教師、運動員、醫生實例，跨界統整法則並一再強調「學習情緒」的重要。如何讓學習者能夠正向思考、心悅誠服的練習，書中四十二個法則及附錄的「《王牌教師的教學力》教學技巧」值得參考。

鮮少有人將「練習」如此完美詮釋與示範，原來最簡單的練習要能做到極致才是成功捷徑。如果你也渴望進步，無論你從事什麼行業，是領導者還是員工，都應該擁有這本書。

（本文作者爲全台最大教師社群「溫老師備課趴」創辦人、台南大學附設實驗小學教師）

〈推薦序〉

練習，是爲了更完美

艾爾文

在學習的路上你是否也曾疑惑過：爲何明明很努力，成果卻沒有其他人好，甚至是沒有成果？其實原因意外地簡單──「**學習沒有用，是因爲學過以後，眞的沒在用。**」這就是爲什麼我們需要練習，因爲練習是在運用學過的東西。練習，可以讓我們駕馭新事物；練習，可以讓我們成長。

時光倒轉，飯桌前的你手中握著兩根細長棍，看著大人們熟悉地夾菜吃，你卻發覺筷子在指間沒那麼靈活。即使媽媽細心地從旁指導，夾起來的菜還是滑溜溜的。一個月後，你使用筷子越來越順手，雖然那時還沒學到「熟能生巧」這四字成語，但你的行爲已經證明古人流傳下來的智慧。

不過，隨著我們長大、出了社會，看待「練習」的角度似乎開始變化。小時候，練習代表眞的在學習，焦點放在如何增強自己的能力：不會拿筷子，練習；不會電腦打字，練習；不會打球、不會騎腳踏車、不會畫畫，多練習就是！不過長大後，我們卻常不自覺地把練習這回事，從「正面學習」轉變爲「負面暴露缺點」的行爲。而本書要讓你對練習改觀，並且正向地擁抱練習，最重要的核心就是——讓你學會最有效的練習方法。簡單說，這是一本教你「練習如何練習」的書。

其觀念跟暢銷書《刻意練習》一樣，不過我會把它視爲《刻意練習》的實踐版。《刻意練習》裡教的是正確練習的重要性，而本書則教你**實用的方法**、**正確的練習**。作者是三位老師，當初他們爲了提升教師能力而開辦一系列研討會，過程中他們逐漸找出能有效增進教學能力的方法，還有如何「**train the trainer**」（訓練教學者更會教學的方法），書中大部分例子就是以他們的教學經驗作爲範本。所以，此書非常適合具有教師與教練身分的人，不論是學校老師、訓練講師、商業教練或運動教練，都有値得學習的地方。以下分享書中幾個重要的方法及精神：

●先加強最重要的百分之二十

你可能聽過「八十/二十法則」，意思是：大多數的成果，會來自少部分的原因或努力。而懂得應用此法則在練習中同樣重要，比如學習簡報，偶爾會看到講者呈現無敵美觀的投影片內容，但傳達資訊卻不夠清楚，如此一來，講者的用心就可惜了。如果能先花心思把傳達資訊先練順，剩下的時間再美化投影片會更好。若以投資為例，許多人在學習時會認為能掌握越多的財經資訊越好，所以花了很多時間在蒐集資料，卻忽略如何解讀資訊，還有自己的投資心態更重要。把時間先花在重要的事情上，整體的練習效果就能大幅提升。

●有計畫地練習

這部分跟《刻意練習》的概念有點類似，不過本書有具體提到如何制定練習的計畫，例如：設定練習的階段目標，然後透過數據檢視進步程度；如果要讓練習更有成效，就要做到有計畫的學習，而且每個練習結果都要設立能夠量化的目標。好比背英文單字，我習慣把所背的單字量記錄下來，每隔一段時間就把累積的單字量以圖表表示，明確告訴自己進步了多少。同時，我也會評估每天花在練習英文上的時間，太多或太少都需要調整，才不會壓縮到工作時間，或是導致學習進度緩慢。

●從回饋中尋找更大的練習動力

「回饋」是一種檢視的方法，可以做為你練習過程的「校準」。比如在學習中去回顧練習過程，從結果中找到過程裡值得重複運用的方法；如果是小組練習，則可以問夥伴是否有什麼地方做得好。而書中提到的這種回饋是「正向回饋」，某種程度我認為這是一個人會大幅進步的原因，因為如果回饋只專注在缺點上就會變成單純批評，反而讓人沒有信心再練習。

●專注在最小一步

通常我要練習一項新技能時，會習慣先問自己：「有什麼事情是可以馬上去做，或是跟以前學過的東西很類似，可以互相套用觀念的？」這麼做的原因很簡單——我要在最短的時間內跨出第一步。爲什麼「一小步」那麼重要？因爲你可以在短時間內就得到回饋，體會到進步的成就感，也可以即時調整練習的難易度。不管你是要練習演講、簡報、語言，或是樂器及運動，都可以試著把進度切成不同的一小步去練習，一邊練習一邊優化自己的成長系統。只要把一小步練習到最好，整個練習結果就會更趨完美。

透過「學習—練習—回饋」，再次「學習—練習—再回饋」，持續下去你也可以不斷精進各種能力。會阻礙人成長的原因就是「擔心在練習中犯錯」，導致排斥練習，造成學了很多卻沒用。其實，小時候的我們是不害怕犯錯的，不論是拿筷子、騎腳踏車，也都是不斷練習才能學會。以前我們會從犯錯中學習，所以不斷的去練習直到學會一樣事情；可是長大後，我們不再「從犯錯中學習」，反而變成「學習不要犯錯」，慢慢地我們就不敢練習了。

最後，希望你能夠記住這段話：**「渴望學習，同時努力練習。不要害怕犯錯，因爲犯錯的過程，通常就是成長的過程。」**

（本文作者爲理財與勵志暢銷作家）

〈推薦序〉

重複的練習，遠不如完美練習

丹・希思

二〇一一年夏天，我和太太、父母親參觀了蘇格蘭的威士忌酒廠，當時的導覽人員一副無聊到快僵化的樣子，每到定點就背出一段強記的文字並問道：「有什麼問題？」當然一個問題都沒有，因爲我們根本就沒在聽。現在我對於那次經驗印象最深的除了一心希望能跳過導覽直接品酒外，就是自己從頭到尾多在想著喜劇演員克里斯・洛克。

那時我正在讀彼得・席姆斯所著的《花小錢賭贏大生意》一書，書中描寫了洛克爲單人喜劇構思新題材的過程。洛克曾經爲了巡迴表演做準備，在紐澤西州新布朗斯威克的一間小酒吧演出四十至五十回，將點子寫在黃色筆記本上後，就這麼替新創意試水溫。席姆斯寫道：「他會仔細觀察觀眾反應，無論是點頭、肢體語言的轉換或是暫時轉移目光，都讓他因此能了解創意是否奏效。畢竟表演若長達四十五分鐘，大多的笑話都會冷掉。」

不過時間久了，洛克漸漸察覺出能引發笑點的素材，笑話越來越到位、轉換日益流利、表達也更加順暢（如果有人覺得洛克以下這句台詞好笑，也許可以歸功於他在紐澤西州的練習——「我住的社區治安壞到連被槍射中時都可能再次中槍」）。

等到洛克替HBO的特別節目固定演出，或是出席大衛·賴特曼的節目時，他的演繹方式早就爐火純青到超級完美。正因如此才讓大衆誤以爲這一切都輕而易舉，以爲他就是天生笑匠。

參觀威士忌酒廠後的幾個月，我進行了一場演講，當下發現自己竟然一直以同樣死板的方式演講了十幾次，接著一個可怕的念頭油然而生：我就是那個威士忌酒廠導覽員（還好我沒脫口而出，否則聽衆恐怕會一頭霧水）。

現實生活中的我們必定得再三面臨同樣的抉擇：

❶要當酒廠導覽員還是克里斯·洛克？

❷是以習慣自在的方式進行，還是要奮力掙扎求精進？

❸是隨便交差還是勤加練習？

如果你選擇的答案都是後者，這本書就是最佳指南。

閱讀本書時你可能得時常放下書本，因爲其中的想法有趣到讓讀者不禁停下來思考，例如：練習未必有助於得到滿分，但是其影響卻難以抹滅，就好比雖然你洗頭髮洗了幾十年卻未必在此有所進步（而且很可能就算進了棺材也永遠不知道是否有更理想的洗頭方式）。**光是重複進行某事，其實無助於精進**。

我們需要的是練習——「完美練習」，而不僅是再三重複動作。麥可・喬登曾說過：「就算每天練習投籃八小時，如果用錯方法，也只不過是善於亂投球罷了。」練習留下的影響難以抹滅。

你我成長過程中總是在練習：投籃、鋼琴、西班牙文等。除了運動員會期待加速衝刺外，種種的練習可能令一般人感到疲憊無趣，不過正因爲有設計得當的練習才可能事半功倍——保證進步。一週復一週，就這麼登上了好幾層樓。

爲什麼「練習」兩字會慢慢從生活中消失呢？

需求絕對還在，畢竟無論在職場、運動賽事或演奏場合，練習都是關鍵。人能夠加強的技巧可是數不清的：如何有效率地主持會議、如何用心傾聽配偶的話、如何在萬分焦急的通勤時刻不口出惡言……

「練習」最大的敵人就是傲氣、恐懼和自滿，「保持謙卑」是練習的關鍵，人因謙卑而承認自己並非無所不知，面對指導回饋也能坦然接受。練習不代表能力弱，畢竟對於練習自律甚嚴的名人多如麥可．喬登、傑瑞．萊斯、羅傑．費德洛、米婭．哈姆和老虎伍茲等，練習並不表示承認自己略遜一籌，反而是在宣示透過自我砥礪精益求精。

人每天當然都在練習，二十四小時地練習，練習如何和兒女相處、和同事合作。不過我們有向前邁進嗎？是敷衍了事還是完美練習？

各位會購買此書就代表願意下功夫練習，也選對了練習指南。

準備好在精益求精上突飛猛進吧！

（本文作者爲《紐約時報》暢銷書《零偏見決斷法》《改變，好容易》作者）

〈前言〉

完美練習的力量

「人人都想成爲贏家，爲此下足準備的卻少之又少。」——鮑伯．奈特。

「準備不足就只能等著失敗。」——約翰．伍登。

約翰．伍登是個傳奇人物，他連任美國加州大學籃球校隊教練長達二十七年，曾被ESPN體育臺稱爲「二十世紀最偉大的教練」，《體壇新訊》甚至推崇他爲史上所有運動項目中最頂尖的教練。伍登曾帶領球隊於十二年內奪下十次全美冠軍，曾經連贏八十八場比賽，並寫下美國大學運動聯盟史上籃球教練最高的獲勝率（〇．八一三）。伍登另一項屹立不搖的聲譽在於他擅長幫助球員如同開發技能般發展性格，因此伍登退休之後的影響力遠遠超出籃球界，於多本著作和相關書籍中分享了自己對於生活、學習和籃球的智慧，其影響力從驚人的產出數量可見一斑。

就算是對運動興趣缺缺的人也常會研讀伍登的方法，希望從中找到化掙扎為勝利的妙法，但是多數學習伍登方法的人卻往往未能締下如伍登一般的佳績，原因何在？就此，我們三人（道格、凱蒂和艾麗卡）的答案出自於我們幫助潛力教師成為王牌教師，這一路走來的心得發現：許多人無法全心投入於所謂伍登的成功祕訣，因而未能以此發揮伍登成功之道的力量，而這種練習不僅經典不敗、設計理想，還是**刻意執行**、**精心策畫**。

如果問伍登如何打造出這般成功的團隊，他的答案可能來自空無一人的體育場中的連串點滴，例如：要求球員不用球練習投籃；也可能會是他在辦公桌前以隔天的練習沙盤推演、註明成列的籃球該擺放何處以節省找球的時間。

伍登對於練習的熱愛也成了傳奇。他的第一堂練習課可能會讓人大翻白眼，畢竟這是其他教練認為無用到甚至毫不考慮的練習，練習之一就包括「如何穿上鞋襪」。伍登對於練習嚴格計時到分秒必較，好仔細精準地掌握分配，將每回的練習結果記錄於手卡後歸檔，以供日後參考，從中了解哪些練習管用、哪些成效不彰，又該如何改進。

許多教練著重於如同實際比賽般的模擬戰練習，他卻採用分解練習，拆解比賽以單獨強調某些概念和技巧，同時運用一套邏輯程序，例如：往往先請球員空手練習投籃並予以指導，然後循序漸進地加深難度。哪怕還未能涵蓋一些較複雜的部分，這些分解練習也會一再重複到球員技巧純熟而無需思考。其他教練認爲自身球隊已經練就一套好功夫時，伍登的隊伍才剛進行暖身而已；他也強調，無論在練習什麼項目，只有練習到「盡善盡美」才能喊停。

儘管伍登令世人津津樂道的是一場場的冠軍賽，但是伍登的偉大其實來自於練習，歸功於那一次次冗長乏味的指導、說明，以及一而再、再而三的重複。這些人們眼中如稻草般不起眼的小事原來才是珍寶，伍登不僅設計各項練習，還建立了練習的文化——**練習就是對在進行的事情加以思考**，以及練習夥伴之間的關係，眞正帶來加乘效果的並非偶爾競賽中的小幅進步，而是練習數以千萬個小時帶來的些許精進。

借伍登之力而發揚的刻意練習法是近年來不少研究的探索重點，作家兼運動記者的丹尼爾．科伊爾就此寫下《天才密碼》一書。書中闡述了世界上一些「人才重鎭」的崛起雖然似乎難以理解，但其實都可追溯至理想的練習方式所產生的事半功倍效果。例如：科伊爾提到了一個冰天雪地下的小小網球學校，看起來「破破爛爛」而且只有一個室內球場，成立之後所培養出的前二十強女性選手人數竟然超過全美？

如此亮眼成績的背後功臣是拉瑞莎．琵歐布拉則絲卡亞，這名一頭白髮、身著體育服的總教練在選手身上落實著「練習的影響難以抹滅」的黃金準則，她相信既然肌肉會記憶練習的動作，就寧可慢慢正確行動也不要一味求快卻欠缺精準。她和伍登一樣堅持「少而精」的原則，儘管許多教練認爲模仿是卑劣的行爲，她也坦然無愧地要求選手模仿他人。科伊爾表示，正因爲這些簡單的堅持，琵歐布拉則絲卡亞幾乎靠一己之力改寫了俄羅斯社會的自我觀感。她的幾位選手在叱吒網壇初期便在俄羅斯掀起一股網球熱，激勵了潛力新秀努力不懈地練習，並無戰不勝地推翻了統計學上的可能性，而且俄羅斯現在也深信自己是個網球強國，選手也認爲自己的前途無可限量。

科伊爾再三證明，練習時看似微不足道的小小進步也能積沙成塔，創造出非比尋常的人才盛況，進而扭轉社會對於「可能」兩字的定義。

巴西的「足球強國」稱號來自對於足球的熱愛，五人制足球在該國也深受喜愛。五人制足球發展自足球，這種室內進行的小型運動使用較有彈性的球，巴西在此運動項目上的潛力球員每小時觸球的次數竟然約爲他國同等級球員的六倍之多；五人制足球有限的空間自然而然訓練出高速的技巧。科伊爾在書中寫道：「講評人員老是說巴西球員懂得發揮『創意』，然而事實並非如此，他們只是大半輩子都在練習如何發揮創意。」巴西的表現之所以能勝出其他熱愛足球的國家，正是謙卑扎實的練習成果。

美國文化熱衷於競賽，喜愛英雄式的大爆冷門、老牌選手的最後一擊，以及比賽終止前的緊要關頭，我們觀看比賽高聲歡呼，有時候（尤其是自己的孩子上場時）甚至到無法自已。不過如果想見證眞正的偉大並爲此喝采、目睹其歷程並理解成功緣由，值得我們投注時間觀看的其實是練習，聚精會神地了解各細部操練如何產生、選手之間共有的文化、練習是否充足或甚至是否有實質的練習……以上一切將在本書中討論。

試想我們若能如同科伊爾提到的俄國網球選手一樣創造出「人才重鎭」；又若是可以在某個領域的表現達到顚峰，而且傑出到讓整體社會對於自身民族之所能和收穫的回饋都另眼相看；再想想如果我們不僅能因此讓本國的足球和網球訓練受惠，還能應用在遠比體育更爲意義重大的領域，例如：可以應用於醫院和學校的運作和經濟體的各項層面上，透過產品和服務造福人群、創造價値的創業家和管理人員也將能因此而受惠。

就以上角度而言，本書談的就不僅限於運動，不過讀者如果希望將結論應用在籃球、足球或滑雪等方面，保證也能運用自如。出版本書的目的是要實現精益求精的夢想，幫助在不同領域努力、深知練習重要性的人以更高的效率大步向前，同時讓尚未明白的人了解練習能帶來的蛻變。我們憑著一些經驗，深信精心規畫的練習能讓最爲重要的努力脫胎換骨。

知道與做到之間，差在完美練習

我們之所以開始研究「完美練習的力量」起因於一項專案，研究對象是全美極度貧窮地區公立學校的傑出教師，也正是道格《王牌教師的教學力》一書的主軸。這項研究顯示，這些傑出的「異類」——儘管默默無名卻能在面臨逆境時出奇成功的人士，其實和伍登有許多相似之處，例如常聚焦於每日工作中看似無趣的小地方。優秀的教師對於如何有效利用課堂時間等事可以說到了近乎偏執的程度，有時分秒必爭到對於學生排隊或遞講義的方式（或速度）緊盯不放；讓我們深感矛盾的是，他們也會爲了解釋某個概念而不厭其煩地再三說明。

我們觀察了學生中最擅於高難度辯證、抽象和艱澀觀念的一群，他們也許能深入剖析《蒼蠅王》中的借代象徵或穩穩地解出二元方程式，這些學生的教師往往都最執著於他人眼中芝麻綠豆般的小事。事實當然並非如此簡單，優秀的教師在乎的當然不僅止於課堂進行的效率，他們往往也懂得提問的藝術，指派的作業充滿挑戰，不過面對每日例行事務的乏味單調，一般人往往只是偶一想起，但是這些傑出的異類卻幾乎都十分重視其背後的力量，回到伍登第一天要求球員正確穿上襪子的練習，就是最好的例證。

眾多優秀教師也有這種「第一天學穿襪」的觀點，我們從中歸納出不起眼之處並希望能發揚光大，讓我們自身學校中的教師也能以這些優秀教師爲模範而成長精進，研究過程中的許多面向也令人爲之著迷，例如：我們就在練習的面向上受益良多，了解哪些方法奏效、哪些不太管用，而其中最先引起注意的是後來我們稱爲「聽懂／上手的差距」。

我們在頭幾場的工作坊會先讓教師觀看多支短片，由片中的王牌教師示範某些特定技巧，觀賞之後一同進行分析和討論，確定大家都了解其中細節和各種變化後，就進入下一個技巧。活動深受好評，參與的教師表示學到了實用又珍貴的技巧，然而我們也注意到其中的危機。因爲三個月後的同一群教師卻在問卷調查中表示，自己不再如此帶勁，儘管依然清楚自己爲班級立定的目標，卻無法穩紮穩打地向目標前進，每次想解決問題，又會出現別的麻煩，分身乏術之餘實在難以聚焦在某個教學技巧上。

可見，光是清楚解決之道絕不意味著問題會迎刃而解。

據觀察這些教師希望回到課堂就能學以致用，就如同網球選手站在溫布頓的球場，希望在如火如荼的賽局中試用新的反手拍技巧，毫無勝算。網球選手都知道，反手拍的技巧要練到爐火純青可是得在比賽前練習千萬回，在一次次難度加深的球達到理想高度時擊出，否則反手拍的策略不可能如預期般奏效。比賽時絕對無法預料是否會有反手拍出現，又或是反手拍才練習百餘次而還未運用自如前，又怎麼可能面對良機卻還有餘力在左右揮拍時解讀對手的反應？

為了協助學員教師應用王牌教師的智慧結晶，我們必須進行以下兩件事：

❶要將教學視為打網球，哪怕得縮減內容也必須讓教師在工作坊現場就實際練習，如同伍登一樣重質不重量。

❷必須從訓練教師直接轉為訓練他們的上層，例如校長、主任和組長等，因為他們才有權力打造規畫出固定的練習環境。

另外，工作坊強調的重點必須在「練習的設計」，從原本的觀摩王牌教師技巧改為透過練習精進並轉而教導他人。我們也發覺，單靠一場工作坊無法帶來實質的進步，唯有激勵學員多次練習關鍵技巧才能成功。本書後方涵蓋的一些理念其實正由此而生——我們往往會列出一串新活動來練習，但是最理想的活動其實就是透過反覆進行以增加效能。

導正失誤的練習，設計成功的練習

隨著時間演進，我們也多次重新設計了訓練活動以提高其中練習的品質。幸運的是，我們當時已經開始替組織外的對象成立工作坊，邀請頂尖學校的管理階層和教師攜手努力，這些工作坊使得我們在提升培訓品質上受益良多。當時的計畫是：站在坐滿了約一百位優秀教師的會議室中教導他們如何教學。這就像在洛杉磯湖人隊面前，秀幾手籃球並表示將能幫助他們提升團隊出賽表現，使得我們聚精會神在每個小動作和決策上，爲的就是要確保絕對會奏效。這樣的目標和場合都讓我們因爲必定要分秒精采而備感壓力。

一開始許多場的表現都不盡理想，原因在於練習不夠精準。參與工作坊和校群的人爲數衆多，而且都希望能成長進步，因此虛心求教並且願意爲此努力。我們雖然具備能幫助他們自我超越的法寶，卻失敗了。在此舉個例：王牌教師和好老師之間的一個相異之處是如何在教學時使用「非語言介入」糾正學生行爲。其中的不同點在於，教師若是以言語指正分心的學生就必須中斷教學，因此教師糾正學生的行爲時等於全班都無法聽課，其他的學生被迫分心離題，反而惡化了情形。

王牌教師面對同樣的難題則會採用「非語言介入」指正。我們就職的非營利機構非凡學校（Uncomon Schools）的一名傳奇王牌教師科琳·德瑞格就教導學生辨識非語言介入，好針對三、四種學生可能分神的行爲徵兆進行糾正。科琳若將手指向眼睛就代表學生得「關注講者」，例如看著當時在發言的同學以利持續進行討論；科琳拍手時代表請學生坐端正；若是迅速將手朝下指，則是要求學生不要在他人發言時舉手，因爲高舉著手代表正在思考自己想發表的意見，並未認眞傾聽同儕發言，也意味著自己並不在乎對方的言論。

教師們觀看了影片中科琳以非語言方式的指正學生，反應十分熱烈，這項看似聰明又容易的作法讓大家都躍躍欲試，所以我們在辦公室規畫了教學實驗室以進行不同練習，幾個人扮演學生搗蛋的同時，一位勇氣可嘉的教師被拱上臺進行教學，在此匿稱她爲珍。雖然珍教得不錯，但是事實證明實際練習比觀看影片困難許多，因爲珍在當下常會忘記使用非語言介入，所以在備感威脅之下又採用了習慣作法。而且她事先沒有時間思考該如何因應學生的不同行爲，所以當場下決策反而使她因爲分心而犯下其他錯誤。行爲不當的頻率太高又令人措手不及，反倒使得珍根本無心於教學。假扮麻煩學生的幾位樂到就算受到指正也會繼續找碴，讓珍永遠有解決不完的問題，才剛結束師生互動間的膠著拉扯，儘管想到了更理想的回應作法可以再次運用，偏偏學生又出現了別種問題行爲，造成她根本毫無餘力練習使用解決方案，總是無可奈何地追著問題滅火。

最後檢討總結時，凱蒂一針見血地指出問題：「珍剛剛練習的是如何失誤。雖然練習了，卻未能嘗到一丁點兒成功的滋味，問題反而更加根深柢固。」凱蒂所言一點也沒錯。我們馬上總結出關於練習的前幾名重要法則，這點失誤率最高卻也最爲重要，本書第一章將會討論。所謂的練習應該是要練習如何成功，儘管就這回實驗而言可能意味著必須簡化活動也得在所不惜。

於是，我們讓脫序行爲變得可預期好進行簡化，只能有兩名學生分心，而且珍會預知是哪兩位，因此無需再費力急著找出麻煩學生，如此便有餘力有效糾正行爲。接著我們又察覺珍應該要有時間想出理想的因應策略，才不會導致當場亂槍打鳥，畢竟這正是科琳在影片中的示範——她會事先找出學生最常犯的三種毛病，想出針對各個行爲的手勢，於教學前就知道要如何應戰。所以我們事先就學生常見的分心表現列出了清單（例如：呆看窗外、低頭趴在桌上），提供和珍狀況相同的教師參考，珍則必須事先想好用何種手勢糾正學生，並在練習幾次之後才面對課堂上展現同樣行爲的學生，也就是珍再三練習以手勢糾正的對象。

珍練習了所學的策略，而我們只有在她準備好接受更多挑戰時才會讓情況更貼近現實一步（即更複雜棘手）。最後練習也變得更扎實：會有教練給予講評，「珍」這個角色不僅會得到回饋，還必須立刻就此重複練習。若有教師認爲這項活動過於困難，或是第一次就挑戰成功，也有其他種變化版本可以繼續進行，整個練習變得極具彈性。

工作坊開始進行這項練習後成效可說是立竿見影，不僅讓參加學員對於工作坊刮目相看，也改變了他們的教學方式。其影響除了在成功運用教學技巧（這點可見於教學錄影中），教師們發揮創意加以變化出的教法也使我們受益良多、豐富了原本的策略。

從一開始的那個下午到頭幾個月，一直到後來幾年，這個練習活動逐漸成爲教師的超強利器。另一項令人出乎意料的收穫是許多教師因此感到開心，雖然一開始對於練習抱持懷疑甚至毫不相信，因爲練習初期的確會讓人感到不自在又過於自我審視，但是進行幾回之後，無論是工作坊的練習或之後課堂上的實際教學，教師都親眼目睹了自己的進步。這點產生的心理影響不容小看，教師發現原來自己可以掌控課堂的發展，原來可以由自己主宰，成功的經歷使得他們明白自己能夠按部就班地解決問題，也因此希望更進一步。此外，共同合作的同儕情感和場合也帶來正向的體驗，一同練習讓教學仿如團隊運動。

種種一開始的不情願和尷尬最終都因爲成功的經驗和同儕情誼而煙消雲散，大多的教師變得喜好練習並開始設計出自己特有的練習方式。其中瑪姬．強森和妮姬．佛瑞姆是特別優秀的閱讀教學高手，她們決定每天花十分鐘一同討論如何解決教學時最棘手一個問題：課堂討論時，學生若是就問題提了出人意料又難以理解的怪答案，教師該如何反應？解決方法很簡單：瑪姬會就自身教學計畫中的問題向妮姬提問，妮姬則會盡可能想出最差勁的答案回覆，瑪姬則得當下就此回應，進行一回過後就角色互換。剛開始雖然有些辛苦，但是她們一起大笑、腦力激盪出較理想的答案後就繼續迎戰下一回合，如此一天十分鐘地持續了五個星期之後，兩人的反應能力已不能同日而語，面對學生提出讓人措手不及的答案時，她們總能自在應對，本身也變得更加自信從容，能夠更放鬆地比較學生之間答案的異同並理解其言下之意。她們替練習設定了因應意外答案這項單一目標，從中培養出的技能使得自己能聚焦於教學的更高層次並持續精進。

我們長年來從幾十個類似的情境中歷經淬鍊，一路多是跌跌撞撞，偶爾也成功順利，但是這些個人或群體的智慧結晶幾乎都出於本校群和工作坊中睿智聰明的教師，在此將其化爲一系列的法則，於書中和讀者分享。

簡單的練習，解決重大的問題

科伊爾的《天才密碼》旨在闡述練習的力量如何透過個人表現的蛻變，進而在更高的層次上引發改變。而另一本書也點出了改變的力量可能應用於解決社會上看似困難重重或無可救藥的複雜問題——《改變，好容易》由丹・希思和奇普・希思兩兄弟合著，一位是史丹佛大學組織行為學的教授，另一位則是杜克大學專攻創業行為的資深研究員，書中點出爲什麼重大棘手的問題未必非得靠同等複雜深遠的方法才可能解決。例如：希望解決日益增高的肥胖現象，其實只要想辦法促使母親在購買牛乳時選擇脫脂而非全脂——只要行爲簡單、容易重複並且能快速上手，面對看似勢不可擋的社會現象也可能扭轉走向。這個概念引出了多種良機，因爲許多類似的簡單行爲說穿了都是種習慣，就像人按照自己的選擇購買某種牛乳多，所以只要稍微運用練習改變選購方向便能產生深遠的改變。

《改變，好容易》書中舉出一個格外令人爲之動容的例子，說明了相關組織志工如何付出投入，以解決越南赤貧家庭長期營養不良的問題。解決辦法從研究希思兄弟所稱的「亮點」開始，所謂的亮點就是儘管困難重重卻仍能正常運作的事物。希思兄弟寫道，儘管許多貧窮的孩子成長期間深受營養不良之苦，卻非全數一概如此，志工因此開始調查其中一些貧窮人家是如何撫養出健康的孩子，觀察後發現這些家庭的母親會給孩子吃小蝦子和野菜，而一般人面對這些東西往往嗤之以鼻或不清楚其營養價值。一開始一些家庭不願意跟著這麼做，因爲他們從未以此爲食材而不知道從何找起，換句話說，飲食習慣造成了阻礙。但是社工人員督促這些家庭以此爲食材入菜，而且不僅是練習一次，而是練習到他們能熟習料理方法，後來的改變令人驚嘆這般微小的改變竟能讓上千個家庭營養平衡。由此可知，有心練習簡單不過的行爲也可能解決重大的問題，借著啓動預期之外的力量產生偉大貢獻。

頂尖高手運用完美練習突破停滯、持續精進

在此要請問各位一個本書將清楚交代的問題：究竟誰應該練習？大家心中浮現的第一個答案應該都是「人人都該練習」，不過值得深思的是何謂「每個人」。我們工作坊的簡報常常一開始會先放梅西進行練習時聚焦於細部動作的相片，他是全球公認最厲害的球員。

專業足球員想當然耳需要練習。不過除了這些競爭白熱化的競賽型運動和音樂等幾個領域之外，人們常認為只要達到了一定的水準便可以不再練習，因為需要練習象徵了失敗和能力不足，不過事實當然絕非如此。梅西的專業精神一直是外界的評論話題，他認為練習是成功的主因之一，自己正因練習而能長久不敗。頂尖高手孜孜不倦地練習恐怕不太出人意料，不過另一項重點在於梅西究竟是如何練習才達到此般境界。

一般人的揣測多是梅西採用模擬戰（scrimmage）練習，不停地踢著一場又一場球，以為梅西是運用天才技巧來預期錯綜複雜的賽局走向，可是其實照片中的他進行的是某個細部練習，特別針對球賽中的某些特定情境精進特定技巧。模擬戰和細部操練（drill）之間的重大差異不容小看，也是第一章將探討的法則之一。**模擬戰是在模擬賽局**，而**細部練習則是有目的地拆解賽局**。大多數人以為能力越好就越不需要細部操練，認為必須提升模擬戰的練習比例，對此我們持反對意見。

身兼外科醫師和作家身分的阿圖．葛文德就具有相關經驗。之前他在《紐約客》雜誌中發表的文章便記錄了自己實施的個人計畫，計畫的目的在於了解外科醫師能進步的空間。葛文德寫道：「我當了八年的外科醫師，最後這兩年在手術房的表現卻是停滯高原期。雖然我想說服自己這未必不是好事，可能是達到了專業顛峰，卻只是原地踏步。」

就此他腦中產生的想法是聘請專家從旁觀察後提供回饋，他表示：「專業運動員都有教練將他們推向能力的極致，但是醫師卻沒有。以前我也曾經請過專科畢業生觀察我網球揮拍的狀況，那爲什麼不能請人進手術房就我的手術技巧進行指導呢？」然而葛文德的決定卻引起了一定程度的懷疑和憂慮，因爲整體社會對於練習的偏見就是只有新手或遭遇困難的人才需要練習。病患和同事若是看見手術房角落站了位教練，便會猜想出了什麼問題，不然怎麼會請專家來？

事實證明，葛文德請教練觀察並加強他的手術技巧的確使得表現大爲提升。以下，葛文德記錄了聘請的專家奧思帝醫師所提出的細部建議：

「奧思帝請我特別注意手肘。手術進行時，他幾次發現我的右手肘舉到同肩高，甚至有時超過肩膀。他指出外科醫師執刀時手肘應該自然地落在兩側，表示：『手肘這樣高高懸在空中會讓你無法精準。每次忍不住要提高手肘時就代表可能位置不正確，所以應該移動位置或改用別種刀具。』」

不過葛文德若是想要有效落實這則建議，卻得在複雜精密的手術當下記起這席話，並且在手術當下就立即改變，然而這麼做卻可能會導致分心。一開始刻意將手肘放低很可能會造成實施落差（implementation dip），即在新技巧尚未純熟之前，一開始可能會因為加入新技巧而使得表現稍微低落。在替活生生的病患動手術時發生實施落差，是否風險太大了呢？

葛文德其實可以和教練設計出細部的模擬練習，在模擬的手術程序中落實手肘放下的法則，大約一個小時左右便可能在有效執行教練建議和低風險的狀況下訓練肌肉的記憶。儘管葛文德格外謙虛並希望精益求精，卻並未考慮運用練習來大力加強教練建議的效果。

想想有多少其他的職業和活動就如教學和外科手術一般，明明可能透過練習帶來進步，創造出持續精進的文化，卻從未實踐善用？

今天也許你是一名律師，和下屬一同出席客戶的會議時，如果能和葛文德的教練一樣進行觀察，可能會察覺到一些不錯的表現和值得改進之處。如果任職的組織很看重指導、回饋及練習，又或許可以在會後提供同事一些回饋？各位可能想：「那就試著多提問，多多請教，這樣就可以更了解手上案子的細節……」沒錯，多多發問以深入細節就是個好例子。同事之間進行討論可能有助另一方思索出比當初更理想的可行作法，下一回開會也許就會記得改變，這樣的進步的確是正面的影響；但是如果這場會議格外重要、不容出錯，但同事卻沒有改變呢？可以先透過角色扮演就其優缺點對症下藥，接著請他練習多多發問到產生大幅進步，再以更自然又聰明的方式提出更多問題，如此發問不僅能從客戶身上汲取更多訊息，也能讓對方感到自己正在並肩作戰。而且如果不只和單單一名年輕律師進行這種「客戶會議」的練習，而是和多位同時練習，他們也能彼此切磋學習，在運用同樣資源和時間成本的狀況下一同精進專業，而且彼此觀察可能讓他們進步更多。

若是能夠執行以上活動，透過長期練習到純熟出色，便能更事半功倍地針對關鍵的重要任務培訓出人才，無論是公司組織、運動團隊或學校教育，都能以此幫助自己和他人更上一層樓。正如同許多參加我們工作坊的組織，你將因爲這樣的優勢而順利達成目標，甚至創下優異表現。

掌握時間，聚焦細節

現今高度競爭的經濟模式使得人才珍貴到得考量許多錯綜複雜的影響因素才可能網羅到理想人才：合約、薪資上限、特定人力公司等，教練看球員的練習影片往往就像看比賽影片般聚精會神。《華盛頓日報》之前的一篇文章就描寫了美國國家足球聯盟紅人隊的傳奇總教練麥克．山納漢所採用的方法。

等到（四分衛）雷克斯．果斯曼排隊準備時……三位攝影師搭著三座超大型橘色電動梯將三架攝影機升高到六十英呎的空中……練習……白色紙上的深紅色字列出了當天的每一場練習。設備副理安德斯．波以特在這種場合就是果斯曼的焦點所在，他高舉著練習腳本，身處在足球場上方的高空……團隊的攝影總監也緊握著一份腳本，因爲每一場練習的每個動作都會從各個角度錄下影像。

最中心則是教練山納漢，他手中也拿著一份腳本，不容一絲差錯。每一回都會由足球場上的某一點某個距離開始，例如：左碼標、右碼標或正中心。每一回也會有六十一名球員中的好幾位參與，組成上場名單和八人練習小隊，外加二十位專業指導，以及至少十餘位後援工作人員。

處於激烈競爭的組織都深深察覺練習時間的彌足珍貴。

本書會在接下來的章節介紹卓然有效的方法，讓讀者可以將個人的練習化爲珍貴的祕密武器。這些方法得來不易，不僅是與多位教師合作多年的心血，這結晶也來自於我們的廣泛閱讀和研究、自身經驗、孩子們成長和學習的歷程，以及對於如何助人精進的長期探討。我們深信事物或大或小皆有其影響力，所以書中的方法和範例可能有時候談的是實踐的細節，但是只要你能聚焦於這些細節並對於練習的各個面向都思考透徹，必定亦能從中獲取最甜美神奇的果實。

CHAPTER 1

重新思考「練習」

伍登教練分享過一則特別受用的建議：「**有所行動絕不等於會有所成就。**」無論在籃球場、課堂或其他場合，拚命了半天卻少有成績的情形屢屢可見。教練總在練習時督促著要費勁和努力，但是光是如此仍遠遠不足，令人驚訝的是可能反而只會讓人像烏鴉看到亮閃閃的錫箔紙一般，因為那閃亮眩目的表面功夫而特別分心。

伍登曾寫道：「不斷躍動的肢體加上呼喊聲很容易誤導人。」密集行動並不足以讓人上場比賽，或是參加手術前會議，不過由於勤奮努力的能見度高，又易於衡量而且引人注意，練習的成效也極容易被高估。參與練習時固然應當主動積極，但是還得刻意觀察參與者的行為，這點的重要性甚至高出在一旁打氣鼓勵。本書第一章的幾項法則正是希望讀者能認同以上論述，重新檢視素來假設和深信的練習運作方式。

先以青少年運動項目的練習開場吧，相信許多人由於自身或為人父母的經驗都對此感到不陌生。某個活力破表的夜晚，一群九歲的小足球員說笑嬉鬧地在住家附近的公用空間忙碌活動著，孩子們正在練習如何讓球順著滾過成排的三角錐，然後一邊跑到長椅一方，將球踢到長椅下方的同時再度控球。接著孩子們就在三角錐圍成的方形中來回用雙腳快速碰球十次，然後趕到另一邊的三角錐區以兩腳交替的方式碰觸球上方，這一整串活動最後則以大夥兒一窩蜂地搶著進球結束。乍看之下，這項細部操練看起來十分高招，讓孩子們片刻不停地用各種方式練習多項技巧，忙得團團轉！但是正如伍登曾提醒過，光是忙著行動並不足夠，上述的操練方式就誤將重點放在活動而非目標。

以雙腳來回觸球爲例，就有教練在介紹這項細部練習時，特別強調動作若要正確，關鍵在於雙膝必須微彎，如果沒有稍微屈膝下蹲，便無法快速到將這個技巧運用在場上。話雖如此，還是有許多球員從頭到尾雙膝緊直地完成這項練習。有些球員的傳球技巧可能出色到矇騙了自己和教練，看到成群的孩子一闕闕地進行練習，常使人誤以爲有所進步，然而每次進行這項動作時，他們都只會讓膝蓋越來越緊直，而且往往因爲一再重複錯誤的練習，反倒越來越擅於拉直身子而非放鬆身子和膝蓋，也因此距離目標日益漸遠。

想想細部練習內的所有動作，球員可能有數不清的錯法。如此多的複雜動作，可能都有孩子以錯誤方式練習，並因此將練習不到位視爲常態，也許你的孩子正習慣以軟趴趴的腳踢球、練習著將球傳得太遠等。採取行動？做到了。有所成？恐怕未必。

諷刺的是，就美國的青少年足球練習而言，上述的練習可能還在水準之上，但是這個細部練習還是讓我們注意到，現今常見透過練習開發人才，相較於理想上讓人透過參與運動、音樂、戲劇等學習活動開發出最強的自己，現實和理想之間依然存在著極大的落差。設計練習不能只在差強人意時進行，就算練習還管用卻也仍值得重新規畫，除了發展孩子的能力之外還有許多方面的練習和訓練也都能從中受益，特別是專業訓練。吉姆．柯林斯的名言曾提醒世人：「**優秀是卓越的敵人**。」因此不錯的人才培訓往往不夠厲害到讓個人或組織卓越出衆。就算大量進行不錯的練習，你的組織恐怕也難以與衆不同，因爲其他人也都做得很不錯。

想要出類拔萃，練習時的每分每秒就得發揮非凡的效率，而且是無比非凡。不過幸好優秀距離卓越並不遠，就算看似微不足道的改變也可能讓人健步如飛般突飛猛進。

教育作家傑．麥休斯曾在部落格發文提到，美國首屈一指的教師訓練大師麥可．葛斯坦曾將這個概念應用在教師訓練上，發現**少而精的練習效果依然勝過重量不重質的練習**：「孩子和朋友隨便敷衍地練習籃球十個小時所發展出的技能，很可能不如只練兩個小時卻能得到可衡量又極具體細部的回饋。同理，菜鳥教師若只是以實習或助教的心態工作，也可能只是再三重複錯誤動作。」葛斯坦也提出，若是將等量的實作學習以一般架構五分之一的成本在練習實驗室進行，或是以相同成本創造出五倍學習效果，教育界將能深受其益。同樣的論點難道就不能應用於訓練醫師、律師和千百個專業領域嗎？

我們將在接下來的章節談談關於練習最常見的八種迷思。重新檢視有助於大幅提升現階段努力的品質，無論是要上場比賽、參加重要會議、解決棘手的職場狀況、進行藝

1 不對的練習，只會越練越錯

本書的書名點出了人人心中對於練習和完美之間畫下的連結，然而唯一能打包票的只在於練習必定「留下痕跡」，卻未必能保證有「完美表現」。

事實上，我們可以把某項技能練得爐火純青或練得一竅不通，但是可以到熟能生巧的不僅限於正確的方法，也可能在錯路上越走越遠，因為肌肉有記憶能力、心智會產生迴路而成為習慣，水能載舟，亦能覆舟。練習動作錯誤，團隊上場時自然會表現錯誤。練習時缺乏自覺，登場時的自然也會自覺不足。因此**練習的關鍵目標應該在於引導當事者邁向成功**，無論練習的事物為何，都得正確無誤。

以上雖然聽起來理所當然，不過造成失敗的練習依然處處可見，其中多項因素中最常見的兩項在於：未能仔細並有方法地從練習觀察出當事者是否正確進行，也可能由於為了增加學習挑戰而調整練習條件，因而使得當事者容易犯錯或讓學習過於吃力。在針對這兩項常見錯誤多加解釋前，先談談人如何常將失敗過度浪漫化。

故事的主人翁可能是任何人，假設是你的舅舅好了。舅舅可能回憶著自己多年前學習❶撰寫法律信函❷騎腳踏車❸土風舞❹鋪屋瓦等歷程時表示：「我可以對天發誓，那時候試了一百次，前九十九次都槓龜，但是我再接再厲、毫不氣餒，最後終於成功了。」舅舅也許眞的把這些技能都學上手了，中間跌跌撞撞的歷程也成了寶貴經驗，其價值甚至勝過技能本身。但是，舅舅因爲運用某套方式學會了許多事，並不代表這就是放諸四海皆可行的超強方法（而且舅舅可能不小心誇大了失敗的次數），舅舅爲了學習所付出的時間和心力，可能爲事實上所需付出的十倍。

同件事也能從反方向解讀，若是他當初能夠有效率地學習，可能很快就上手了。故事背後的眞相也極可能是很多像舅舅這樣的人最後根本都沒成功，屋瓦沒能鋪成又偏逢連夜雨。

要記住，多則軼事不等於科學數據，對於把失敗浪漫化的故事必定得心存懷疑。若是希望有方法可循地將努力或想法成功實現，或是想要訓練出類拔萃的卓越人才，像重視資金流向、珍視小學兒童、注意球場表現等，都得格外當心。**「失敗」對於人格形塑的正面影響大過技能學習**，用舅舅的方式教導技能等於在談論效率不彰和奇蹟發生。

易導致失敗的練習

現在，我們進一步分析上述兩項常使人容易失敗的原因。

第一項在於**進行有效的練習等於必須定時留意「練習的動作是否正確」**，**其重要性超乎許多人的想像**。教學上這個歷程稱爲「**確定理解程度**」，頂尖教師往往每幾秒鐘就會確認一次，你沒看錯，的確是每幾秒鐘的頻率。教師發現，若是缺乏理解等於少了能繼續往上加深的基礎，時間越久修補起來越費工夫，所以才會像開車瞄後視鏡一樣每隔幾秒進行一次。教師得不斷地自我質問：「學生聽懂了嗎？確定聽懂嗎？」就練習而言，在此採用「**確認熟習程度**」來表示有系統地觀察當事者，以確定他能夠進行應該學會的部分，不過其實這兩種說法都不盡完整，因爲除了「確認」還得就結果加以因應。設計練習時應該要讓（或要求）某個動作錯誤的當事者重複進行，可以是在原本的環境進行（例如回到原本的起跑線）或是當場以一對一方式進行（「查爾斯，你站到那邊多試幾回！」），確認熟習程度時，**必須盡可能迅速地以正面態度糾正錯誤，因爲犯錯和改正是練習的常態**。不過同時也要轉換思維，將當事者的表現轉換爲數據資料。

指導練習時如果在三位做錯後有一位做對，你很可能會想：「太好了，他們懂了。」

不過其實也可以解釋爲「糟糕，四個人中只有一個人了解。」這麼想就不是值得開心的好事，反而値得擔憂注意了。同樣的道理，在檢驗團隊是否已經熟習某項技能，必得觀察各個程度的成員，不能只看前五名厲害的球員大要反手拍就以爲每個人都這般熟習技巧了。

前文提到的足球練習中，球員因爲傳球的方式錯誤而越來越熟習如何錯誤傳球。其中一項原因出於細部練習的設計使得教練和球員難以察覺正確與否——未能確認熟習程度。五種不同的活動同時進行，教練恐怕眼花撩亂到很難有系統地以數據分析等必要方式確認熟習程度，每回一轉頭就可能發現有動作要糾正，教踢球入門時腳踝要鎖緊，一邊留意右方二十碼外球員是否有彎著雙膝練習，同時要注意左方練習的球員得踮著腳動作。這樣注意力分散的結果便是無法聚精會神地確認球員熟習的程度，球員也因此繼續一錯再錯。

另一項常引起失敗的原因在於，教練往往爲了讓學習更有挑戰而同時提高廣度和難度。如果讓女兒在後院揮棒擊球一百次就能提升打擊技巧，那麼在打擊練習場上打擊時速六十英哩的球一百次必定能讓技巧更快更好，這個邏輯沒錯吧？但事實未必如此。

女兒站在打擊位置上時必須兼顧兩件事：第一，是以更高的效率運作之前所學的技巧，雖然手握球棒向後和保持頭靜止不動這兩項都掌握得不錯，現在還得加上更早更快地揮棒。第二，她正學著微調揮棒方式，必須稍微調整是因爲這個新環境讓之前不明顯的弱項易於暴露，所以得將重心從腳跟移開，之前的練習從來不需要。如果球的難度只稍微比她目前的水準難一些，可能還有餘裕調整，能試試看這些小改變會帶來何種成效。不過若是球太快而使她總是失誤，她爲了能擊到球可能反而打亂原本熟習的技巧，放棄調整策略而胡亂揮棒。面對不斷射出的球亂槍打鳥，反而可能使得女兒養成新的壞習慣。

在此說明，挑戰確實是正面的，接受挑戰就算失敗也能讓人有所成長。不過設計練習的意義在於提供有收穫的學習過程，**要讓當事者以循序漸進的方式接受挑戰，都得逐漸提升廣度和難度且定量**，練習的當事者準備好時，能有信心成功闖關。認知心理學家丹尼爾．威林漢就在《爲什麼學生不喜歡上學》一書中提出，**人在面對問題時如果能夠以小步穩健的方式向前迎戰，學習的成效最高**，換句話說，挑戰不應該讓人感覺像掉入水中得掙扎求生，過度加深難度只會讓學習欲速則不達。威林漢也就觀察寫道，人其實喜歡以循序漸進的方式挑戰逐漸複雜的問題，因爲可以從中獲得學習成就的快樂。不過相對的也有失敗的代價，當事者可能因此感到絕望而甚至放棄，唯有堅強無比的意志才能讓一再挫敗的人願意持續向前。舅舅之所以會對於九十九次的慘痛失敗如此記憶猶新，很可能就是因爲他這輩子鮮少如此多次奮力掙扎過。

失誤時，練習就必須減速

特別重要的一點是，雖然希望當事者在練習時多能成功，最理想的成功率卻不應該是百分之百，否則就代表內容過於簡單。理想的成功率應該要穩定：讓多數人在練習時能挑戰成功，如此他們依然透過循序漸進的方式學習，也許第一回不成但是第二次就辦到了，而且技能還會因此從普通精進到出眾——第一次表現雖然不錯，但是後來「屈膝」練習時卻大爲提升，就是最有效的學習方式。

目標在於穩健成功，更具體而言即練習到最後總能準確預估成功率，如此看來練習似乎可比喻爲服用抗生素，一旦開始便必須執行至完整的週期結束，否則只會弊多於利。開始運作一套稍需費力的練習，就必須讓當事者有頭有尾地進行到踏上成功之路。執行期間若是屢屢犯錯失敗，便需思考是否挑戰過於艱難，原本可能複雜又充滿變因的練習是否需要重新設計、適度簡化，又或將一連串的技能分部練習以對症下藥，也可能要讓步調慢下來，等當事者消化了其中的複雜難題之後再加速向前。

邁向成功還必須考量一點：**速度**。假設你晚上在家監督孩子練鋼琴時，發現孩子以爲速度反映技能，經常彈得飛快卻又往往一快就彈錯，這時候問題來了：若是練習的是演奏時必須快速彈奏的曲子，速度與準確之間的平衡該如何拿捏？應該冒著稍微彈錯的風險堅持速度，或是慢慢將每個音符正確彈出呢？

認知心理學家和鋼琴教師是這麼回答的，大衛·伊葛門在《躲在我腦中的陌生人》一書中談過大腦在學習時運作：「**大腦發現有問題要解決時，會不停地改寫神經迴路，直到能以最高效率完成任務爲止**……這樣的自動化使人能迅速下決策。」我們對於這點的重要性深信不疑，因爲這意味著能加速就代表當事者的學習過程趨於成功穩定，唯有熟習才能加速，神經迴路先求正確再加強，所以每個潛力無窮的小小鋼琴家都應該先求準確無誤地慢慢練習。速度和準確之間的理想平衡應當是「**以準確無誤爲條件盡可能地快**」，同時謹記一旦失誤就應該放慢速度修正，之後才再加速到能夠彈奏出演奏時該有的速度爲止。能穩而無誤的彈奏速度便是理想的練習速度。

解鎖重點：

- 練習的設計應該以能穩健成功為前提。練習活動若是過於艱難，則應該讓當事者

2 集中火力於百分之二十核心技能

所謂的「**八十／二十準則**」有時也被稱「少數重要原則」，經濟學家常以此解釋各式各樣的事件。被稱爲定律恐怕有些誇張，其實是在現實中屢屢驗證無誤的模式：百分之百的結果來自百分之二十的原因；分析企業數據後發現，百分之八十的營利出自百分之二十的客戶；又或是在了解這些高價值客戶的過程中才知道，公司百分之八十的實用資訊都來自百分之二十的資料來源，哪怕在其他資訊上再怎麼砸重金似乎都幫助有限。

少數重要原則也和練習有所關聯。**想要脫穎而出，就必須集中心力練習最能創造價值的前百分之二十項目**，而不再投注於也許正在花心思的另外百分之八十之上，必須日以繼夜地努力練習那百分之二十，將價值較低的活動擱在一旁，才有可能成爲足球場上表現精湛的贏家，哪怕整個球場都知道其中的攻守戰略，你卻還是能穩穩達陣得分。就練習而言，若是能**專精在少數但關鍵的項目上，效果便會日益亮眼**。若是能有策略地選擇這些專精項目，找出發揮百分之八十效益的百分之二十源頭並用心專攻，必能得到驚人的非凡成效。

《王牌教師的教學力》中收錄了我們剛開始訓練教師時所使用的技巧，這些技巧的訓練無疑打破了八十／二十準則。爲期三週的暑期訓練教導了約二十種技巧，期間還硬是多出了十或十二種，我們也就大多數的技巧加以練習，大部分的練習都設計得宜，這幾年來也沿用了其中一些練習活動。不過我們發現，增加練習並未幫助教師改善教學，必須熟習三十種甚至更多種技巧，反而會使得教師分心，或是讓他們備感壓力，較資淺的教師練習量最大，在對於建立優質課堂環境的必要技巧上卻也只是表現中上。

慢慢地，我們將該學習的技巧去蕪存菁到約十項（恰好是四十九項的百分之二十），針對某些學校的技巧甚至更少。校群中的一間頂尖學校是隸屬北星學術機構的懷思堡小學，其校長茱莉．傑克森強調的三項重點爲體制和日常作息、正向框架，以及有力之聲。多次反覆琢磨練習之後，她決定要少而精地練習，集中火力於這三個要項，有時候甚至會進一步將技巧拆解後與同仁一同細部練習。茱莉對於鎖定目標精益求精的執著不懈最後也開花結果，她的學校成了紐澤西名列前茅的小學。

針對練習，我們也發現了一項和人類本能背道而馳卻極爲重要的事——**熟習技能後**

的練習會更有價值，這和一般人對於練習的想法完全相反。多數人會在熟練之後就想：「好了，這點清楚明白了，繼續下一步吧。」如果練習的正好是關鍵技巧，也就是能產生百分之八十效能的百分之二十技能，就絕對不能在當事者「懂了」後喊停，萬萬不可。**針對這百分之二十的技能應該要以卓越出衆爲目標，而不只是滿足於通曉熟習的程度，必需要努力不懈地練到渾然天成般的行雲流水，甚至到之後再深入探索如何發揮創意。**切記，要達到更亮眼的成效就必須提醒自己：「好，這步做得不錯了，接下來還要更上一層樓。」

如何找出最關鍵的百分之二十？

各位也許因爲長年經驗和知識對此深感熟悉，那很好。如果不確定的話，數據資料都可以提供深入的見解，從中問問客戶對哪些項目感到滿意？員工對於管理階層是否重視？哪些數學能力可以讓學生在一年後擅於代數問題？哪些手術程序最爲常見，又有哪些最可能造成失誤但卻可以排除避免？

若是清楚明確的資訊不可得，就運用群衆的智慧。這個說法出於同名書籍《群衆的智慧》，身為《紐約客》財經專欄作家的作者詹姆斯・索羅維基在書中指出，在合適的情況之下集眾人之智，無論是出自資訊充足或僅稍有概念的個體，群體的智慧幾乎總是勝過單一位專家所能。索羅維基引述了一個個實例證明資訊的匯集能產生的正面結果，例如：曾經有一艘潛水艇失蹤於數千平方英哩寬的偌大海洋之中，最後尋獲的位置正是綜合數位專家估測而來，各個專家的說法都與事實相差甚遠，然而綜合平均眾專家意見後的結果卻準確驚人。另一個較普通的例子則是，若是要一百個人估計神豬的重量，綜合這些半個門外漢猜測的結果可能還比某一位牲畜專家的看法更加精準。

所以如果無法找出你的百分之二十，不確定十歲孩子的足球練習應該以哪五個項目為重，那就召集一群還算懂的人列出心中的前五名，**採用出現頻率最高的五個項目**。雖然這個解決之道恐怕稱不上完美，絕對也相差不遠了（至少完美到能創造出百分之八十的價值），也足夠讓每個重點都練習精湛，而且就算當事者已經熟習技能，也應當持續反覆練習。這裡的目標不在於表現不錯、習得基本技能後就跨出下一步，而是要在這些重點項目上有佼佼者的表現。

值得一提的是，也許一般人就此的當下反應是，要花時間就八十／二十的原則調整練習必須投入更多時間計畫，短時間看來的確如此，不過就長遠而言其影響微乎其微。

有效善用八十／二十的原則能讓人事先準備更充裕——你不能在週五下午兩點才決定當天下午要和教師討論人才培訓一事，你無法每天下午送女兒去練習籃球的路上才計畫當天要辦哪些事，必須打從開始就將訓練和優先目標都表列清楚，必須針對那百分之二十的項目設計出格外優質的練習活動，而且各個項目都要有多個由易入難的優質活動。

換個角度想，完成了以上工作後，就再也無需浪費時間準備一大堆只進行一次就得捨棄的活動，多投資時間策畫出的優質活動，能讓你精益求精地一次次重複運用，最終還可能成爲完美達陣的一大功臣。

解鎖重點：

- 找出那百分之二十！
- 投注於最優先項目上的練習，應該超過其他項的總和。
- 持續不懈地練習，練習的價值是從熟習之後才開始發揮。
- 投資時間於事前規畫。
- 讓當事者重複練習效能高的細部技能，由簡入難地調整和變化，切勿過常導入新練習。

3 讓大腦跟隨身體，將技能內化成本能

我們有一位同事莎拉，也是教師。莎拉投注了大量時間練習如何對學生下指令，因為她的學生有時無法即刻遵從指令，不少人在觀察之後指出問題可能出在指令本身：莎拉下的指令有時不夠清楚。所以她在練習前先寫下一系列具體明確且易於觀察的指令，這項名為「怎麼做」的技巧也會在本書結尾時提到。

接著她會練習將寫下的指令大聲唸出，除了獨自練習也唸給同事聽，親耳聽到從自己口中傳來的指令，不僅讓她有驚喜收穫，還就此修正調整。莎拉甚至在練習下指令的期間發揮了聰明創意，開車時若是受不了別的駕駛人，就要求自己甩掉浮現的第一個念頭（「會不會開車啊！」），轉而以「怎麼做」的技巧思考，假裝自己是該名駕駛人的教練般發號指令（大師們，請再試一次。這回記得要先打方向燈、注意死角才變換車道。複習一下：方向燈、死角、換車道。開始！）她試著**以培養習慣、內化思維的方式去訓**

練技巧，因此就算只是短暫片刻也能在各種可能情境下練習。

幾週之後，莎拉請了一名同事去課堂上觀察，事後同事提出的第一個問題就是莎拉對於自身表現的看法。莎拉表示很慶幸課程進行得算順利，學生既遵守規矩也努力學習，所以至少沒有尷尬丟臉，不過她卻覺得很抱歉除了課堂開頭外，並沒有多運用一些「怎麼做」的技巧，等於未能展現自己這些日子來練習的技巧，恐怕因此浪費了同事的觀摩時間。但是莎拉的同事卻持不同看法，表示莎拉多次在意想不到的課堂情境下發揮了「怎麼做」，迅速幫助學生改正行為並認眞上課。簡而言之，莎拉其實一直在不自覺的狀況下實踐了練習的技巧。

無論只是練習或是實際上場，莎拉都已經**將技能轉換爲習慣**，哪怕心智爲其他事忙碌運作，她也能在毫不自知的狀況下仰賴習慣發揮作用。類似的狀況在音樂家、運動員等勤於練習的專業上成了常態。一旦技能熟習成身體自動執行的動作，心智往往比動作慢了半拍，會讓你事後問自己：「等等，我剛剛好像換手運球了，怎麼就這麼發生了？」客服人員的專業，讓他們能冷靜面對怒氣沖沖的客戶，其實在負面情況下他們也不開心，只不過因爲訓練有素而習慣以穩定的情緒應對，而且還可以不假思索地繼續——重點來了，訓練員工面對困難也能冷靜作業的最佳方式，不是要求他們在非常時刻也專心一致地保持冷靜，而是多次反覆練習「如何在面對挑戰時保持冷靜」，才可能內化成自動行爲。

伊葛門在《躲在我腦中的陌生人》一書中表示，人腦不僅會在我們未完全意識的狀況下運作，**大腦的另一項重點特質在於，會在人毫無自覺的情況下，依據重複記憶習得的行爲運作**。該書中的一個例子出自對於失憶症患者的研究，研究人員和這些患者一同學習、練習電玩遊戲。患者因爲不具短期記憶能力而不記得打過電玩，但是再度挑戰時卻能和記憶力正常的人一樣進步，這證明了就算我們對本身的知識技能缺乏自覺，卻依然可能運用自如。

事實上有意識反而常礙事。大家都知道在高速公路上開車要減速時，早在大腦有時間思考分析情勢前，腳就踩到煞車上了。若是人有能力時時刻刻都進行高密度思考，恐怕在能好好享受生活前就先發生意外了。專業人士更需要**訓練心智不思索地執行作業**，伊葛門指出了一項矛盾的事實：「專業運動員應該以無需思考爲目標。」要透過練習發展出「符合效益的重複記憶法」，讓自己「在比賽最如火如荼的時刻能自然啓動最佳行動模式」。以棒球賽爲例，一記厲害的快速球投出到壘的時間往往只要零點四秒的時間，伊葛門寫道：「認知此事所需的時間比球跑得慢，大約要半秒鐘。」所以多數的打擊手根本對於球如何飛來並無想法，整個過程早就在有意識前就展開了。成功關鍵就在於運用習慣解決當下難以處理的挑戰。

這項研究能應用的範圍可能超出想像，而且一定不僅限於運動領域。有些讀者可能對於西洋棋棋王蓋瑞·卡斯帕洛夫於一九九六和一九九七年和西洋棋電腦軟體「深藍」的世紀大賽印象深刻。仔細觀察最後結果，誰勝誰負難以定奪，卡斯帕洛夫贏了第一局，但是電腦接著反敗爲勝；不過就效率而言，卡斯帕洛夫絕對是勝者。

神經學家李德·蒙太格就在所著的《近乎完美的人腦》中提到，卡斯帕洛夫在棋賽中只用了等於二十瓦的能源，但是深藍卻消耗了數千瓦，前者以平常體溫下棋，但是電腦卻需有一堆風扇散熱才不會燒壞。伊葛門表示卡斯帕洛夫的大腦之所以能如此永續高效是因爲訓練時都將「西洋棋策略燒進神經迴路裡了。」伊葛門寫道：「他的大腦在一開始必須就認知上先跑過一回策略，以助思考下一步，但是這麼做效率太低了。日積月累下來，他不再刻意地思考展開的每一步，因爲已經能夠以較之前更少的意識，迅速高效地判斷局勢。」有意思的是，卡斯巴洛夫在高度挑戰智能且錯綜複雜的棋盤前之所以表現非凡，其實都是靠努力不懈的練習，從中將技巧、賽局和策略**熟習內化成自然**。

卡斯巴洛夫和深藍競賽時想必也面對了從未見過的棋局，但是能夠成功應戰在在顯示出**內化成自然的運作和有意識的心智其實彼此相輔相成**，開車就是最好的實例。被深深烙印進記憶的無意識習慣不僅會決定許多行爲，運作當下的你也可能正在啓動最深層又抽象的本能思維。人會因爲進行一連串複雜的技能和任務，面對一股腦兒而來陌生挑戰，心智因此有機會自由徜徉地分析難題。運用練習習得多項技能時如果刻意累積能力，便能駕馭出乎意料的複雜挑戰，例如在棋賽上打倒超級電腦，如此一來主動認知的能力便有餘裕處理其他工作。

回頭談談莎拉，如果她對學生下指令的方式已成自然，就會進行得頻繁又自在，而且還不會影響到和學生問答時的運作能力。莎拉若是能將這些技能練到渾然天成，讓自己和學生溝通時能行雲流水，就能自在地面對下一個問題或是有餘力留意學生當下的學習狀況，就算再複雜或抽象也都在她的掌控之中。

正因如此，前言提及的瑪姬和妮姬這兩位同事設計的細部練習效益才如此驚人。她們每天早上碰面十分鐘，相互就當天課程說出問題，輪流練習回答另一方提出的學生怪答案。不過幾週的時間，兩人練出的一身好功夫遠遠超過一般人對練習的想像，其中一項成果就是兩人都有餘裕思考其他課堂中的事務，突然間原本耗費在回應學生的精力可以轉而投注於更深的教學工作，不像以前往往心有餘而力不足。

同樣的概念若是能應用在其他複雜的情境上該多有貢獻！外科醫師可以練習因應手術常見的併發症，每天和練習夥伴碰面討論當天將進行的手術，輪流替彼此沙盤推演，也許有時候其中一位可以假裝發生常見的問題：「等一下，病患血壓驟升。」第一位外科醫師必須練習如何反應，若是對於自己起初的回答不慎滿意還可以反覆修正。又如果醫師能每週幾次，每次幾分鐘地練習如何在看診時應對情緒高漲的病患，等到能夠從容面對挑戰，可以減低患者因爲醫師未能妥切應對而更加激動的可能性，同時也能讓醫師更有心傾聽患者、加強診斷。大腦無需投注太多在相對簡單的醫病互動上，醫師便能就較棘手的問題尋找解決之道。

解鎖重點：

- 將技能勤練到內化成本能，目標是當事者可以不假思索便自然行動。
- 累積一系列的相關內化技能，讓當事者無需主動思考也能進行複雜度高的任務。
- 將基本功內化成本能的同時，納入較為複雜精細的技能並以內化為目標。能夠內化成習慣的，絕對不僅限於簡單的技能。

4 「多次重複」就能啓動創意

伍登曾說過一句讓人受益匪淺的話：「**『細部操練』能替人們日後的精采作爲和豐富想像打下基礎。**」上一篇我們談的是運用重複記憶的學習打造無意識的高效率，這裡要談的是，身體或其他屬心智本能的部分在執行運作的同時，心智又在忙什麼呢？想找出答案就得先問問自己一天中的哪個時刻想法最有創意，可能是在洗澡、開車、刷牙或慢跑等執行過千百次到完全能自動執行的動作。這些工作自然展開時，我們的心智往往就能創意十足，想要更上一層樓的話就要回到之前較費力的領域，將當時必要的技能也內化成自然，讓心智有餘裕自由翺翔。

運動員和其他專業領域的人經常表示，經過豐富的經驗和足夠的練習之後，上場時會覺得一切在眼中都「逐漸趨緩」。此處的重點在於突破某個階段後，心智會獲得嶄新的運作能力，因爲複雜動作所需的意識認知逐漸減少，使他們突然間能清楚看見哪個隊友現在有空接手或是發現新的傳球途徑。

約翰．克魯伊夫可算是史上前五名的超強足球員，這位荷蘭足球天才最廣為人知的就是「過人的創意」，他會因為看見某個進球良機而放棄原本的位置，在看似較遙遠之處出人意料地踢出扭轉局勢的效益。

克魯伊夫曾經以足球的流線動向和變化難測的球員動線為基礎，替球隊發展出一套系統，荷蘭國家足球隊及現今揚名全球的巴塞隆納足球隊在由他掌舵後，已經運用這套方法踢了三十多年的球。他在專訪時被問到，青年時期有哪些球員比他優秀卻未能成功出眾，他提了幾位後表示：「他們的球技都令人刮目相看。可是有時候就是要再更快，原本兩米的控球空間可能變成半米，只要球超出那半米就丟了球。一旦有了壓力就等於輸了，提高速度才是關鍵。」注意到了嗎？克魯伊夫並未宣稱自己發展出獨有的心智策略，他說的是在關鍵技巧上壓力會影響已內化本能的關鍵技巧，這些技巧其他人也具備，不過克魯伊夫卻略勝一籌，所以時間久了才有餘裕思考更重要的問題。

創意，其實就是練習的變相。想追求創意、特別希望在正式登場時能大放異彩，答案就要反推回到內化成本能。**如果希望在啓動創意和行動上能更有策略，在一些關鍵時刻最重要的當務之急就是找出當下必然能自動發揮的技巧**，才能夠釋放出更多的運作能力。

許多西方的教育人士將細部操練和扼殺創意視爲必然因果，認爲高層次思考、創意、想像力和自主力都和細部操練背道而馳、互不相容，認爲要求學生背誦和將技能內化等於在抹殺他們的創意泉源和認知發展，只會讓本來應該宏觀大氣的孩子困滯於細微末節上。

然而學習偏偏不是這麼一回事。認知學家如丹尼爾·威林漢就曾證明，少了扎實的確實知識和底子穩固的技能便絕對無法培養高層次思考。欠缺確實的知識就難以深度思考，沒有內化的技能就像深陷沼澤——面對複雜問題只能小步緩慢向前。認知躍進、本能預感、靈感創意等和視野相關的東西都必須仰賴基礎底層能釋出的些微餘力，如此才可能應用於較高層次的運作。

人之所以能夠輕鬆跳過基本功並非出於輕視忽略，而是因爲已經熟能生巧到無需多加思考。許多亞洲國家和全球其他地方都較美國深信重複記憶和深度理解之間的綜效。湯姆士·羅藍和傑哈·萊登卓在一份研究日本學校的報告中寫道：「美國社會現在認爲重複記憶學習法和批判性思考一黑一白，一善一惡。」但是該研究卻發現多項高層次思考其實都必須奠基於必要的重複記憶學習。奧妙的是，**心智在少了以往限制的嶄新情境**

下多了自由空間，創意往往油然而生。創意，常常就是練習的變相。

道格在讀商學院時必須在小組活動中解決總體經濟學的問題，他在白板上寫下了等式中幾十個可能的變數，想破解似乎比登天還難，只需花幾分鐘就寫下的問題卻得好幾個小時才能解決。突然，一名在東歐受教育長大的組員（這點自然並非巧合）走向白板，圈了八、九個變數說道：「這個係數是負數，其他的是正數，所以這項一定是負的。」接著他又圈出兩串變數表示：「這兩個之所以必定是正數是因爲這邊所有的值都是正的，這邊我們要乘兩個負數。所以說到底，這個等式就是一個負數乘兩個正數。最後的值一定是負的。」他靜靜地坐下說：「這麼下去就會破產。」

這名學生審視問題從頭到尾的方式都有別於他人，卻能像發揮本能般迅速地解決問題。他並未忽略重複記憶的功夫，只是已經快速到心智不只見樹還見林。**想要跳過單調無趣的基本功，就得先從裡到外都熟透，否則大腦必定費力在你一心想省略的基礎思考上。**之前提到肌肉記憶力時談過，細部操練之所以重要，是因爲能提供空間給關鍵的高層次思考，技能若能學到內化成本能，便能有餘裕讓想像力自由起舞。伍登曾經說過相關的話：「我希望球隊在面對出人意料挑戰時，能出奇制勝地讓我和敵隊都大吃一驚。」伍登深信的理想訓練方式卻往往異於平常：只要善加細部操練，面對壓力時球員的見解、創意和問題解決能力將會大爲綻放並令人耳目一新。

我們也開始在自身的教學工作坊實施這個新概念，深信**「多次重複」能啓動創意和獨特性**，所以也應用在名爲「有力之聲」這項細部活動上（細節請詳見附錄），教師練習如何使用這項技巧點醒軟趴趴的學生端正坐好。教師們在練習時會輪流扮演三個角色——教師（糾正學生）、學生（被糾正）、教練（提供回饋），輪過以後再次重複，活動目的在於練習如何使用非語言技巧督促學生配合改正。每一次進行活動時會重複進行了兩三回，因爲我們發現教師會在練習時一邊思考，結果自然差強人意，最後雖然完成了活動卻未能成功內化，自然更難以融入個人教學風格和特色，所以後來活動也稍作調整。

第一個改變在於，將小組一分爲二，將原本的八人小組拆成四四練習，如此不僅讓每位參與者的練習次數加倍，也縮小了輪流練習的間隔，輪到自己上場練習的等候時間減短自然使人更聚精會神。另一個發現在於，教師們往往需要人提醒才會繼續練習，越是專業的場合越是如此，因爲他們會三不五時地暫停活動，思考討論方才的進行情況。

各位也許會認爲這點有助於提升創意和獨特性，不過事實正好相反。在羅藍和萊登卓對於日本教育的研究中，麥基爾大學的教授索根哈利曾引述了一名禪宗和尚所言：「別發問，就這麼做三年便會明白了。」我們當然沒有要持續三年，不過這點不禁讓我們想到，**人往往在還未透徹明白自己進行的工作前，就先停下來批判**；進行訓練時常常活動才進行一輪，就有許多人舉手發問：「爲什麼要這麼做？」「能不能改成這樣？」「可是上週我才碰到……的情況。」這種情形之下最聰明的作法便是從容地**請對方在完成多次練習之前，先克制自己的反思衝動**：「這點各位可以之後再討論，現在請繼續練習。」這句話成了我們常掛在嘴邊的提醒。

進行第一回時，參與的成員還手忙腳亂地摸索技巧，剛開始學習新技巧時往往會將有用和無用混爲一談，而且兩種都會放膽嘗試。過了一段時間，實用有益的方法便會浮出檯面，整個小組也開始「明白」——將理想的活動狀態內化。變化逐漸減少的同時，參與者會因爲互相學習而產生類似的表現。到了這個階段，不少西方教育人士可能會開始擔憂評判，認爲這代表喪失創意，不過奇妙的事發生了，活動持續並稍微調整後又出現了變化，這個階段的變化幅度較小，因爲一些過度離題或不管用的點子被篩去後就永不復返，所以後來出現的各式奏效方法都已經合乎小組集思廣益出的方法，每位學員也從中形塑出個人風格。有些嚴厲、有些親切，有些會以手勢加強溝通，有些則著重面部表情，變化由此再生，創意從此可見。關於質疑反思也出現有趣的變化，參與工作坊的成員在輪流「熟習」某項技巧十五、二十回之後，接觸了稍有不同的議題，一名來自阿伯尼的教師的回饋是自工作坊成立以來我們聽過最睿智的評論。

教師們先是糾正姿勢不正的學生四、五回，接著糾正學生姿勢的同時還得面對學生東拖西拖後才遵從的情況，再來又試著以非言語的方式糾正學生，然後教師們被要求假設這名受糾正的學生已經算是狀況不佳的當天最自動又好教的學生。教師們後來發現原來活動規定面對所有的學生都必須如此假設，糾正學生的同時還必須假設這樣的理想狀況。那名阿伯尼的教師說：「這麼做讓我覺得是以正面光明的角度和學生接觸，而不是負面黑暗的狀況，雖然我在糾正他，但是由於出自關心而成了正面行爲。進行了第二、第三次之後，無論就他或就我本身感覺都截然不同，讓我不禁問自己：『天啊！我以前爲什麼不這麼做？爲什麼以前都沒想到要正向切入？』」

事後我們三人不時會談到這名教師的感想，覺得非常引人深思又激勵人心，部分原因在於他的心得點出了喜歡教學的人的特質，以及人熱愛教學的原因；另外則是因爲這**就像打坐一般必須練習相對單調無趣的程序，而且重複再重複。再三重複同一件事到內化自然會使人產生智慧，人雖然常因爲感到無聊而輕忽這一點，這卻是產生智慧的必要過程**。我們往往將練習視爲學習的工具，但是內化自然後產生的力量證明這是錯的。練

5 重設「目標」，精準化爲可衡量的「標的」

每個人在進行練習時都抱持著目標，不過要能清楚分辨練習活動和成長進步，必須設定清楚的重點標的（objective）來取代目標（purpose）。雖然兩者之間的界線看似如同義字般模糊，不過能讓練習有所成效的「標的」不同於單純的「目標」二字，其中的關鍵差異可歸爲四項。

目標和標的之間的第一個差異在於「**標的可以衡量**」。有目標代表清楚自己想要努力之處，假設目標是加強傳球技巧，標的則是清楚當事者在每回練習尾聲應該達到的具體項目，例如「能夠精準地透過傳球讓球移動到三十碼之遠的地方」。

標的可以測量，等於每次練習結束時，教練可以透過觀察或快速評量了解是否成功教導了想傳授的技巧。因爲練習一小時之後可能看不出球員是否學會傳球：在怎樣的情境和環境下才算數？所以其實難以眞的確定練習是否有所收穫。相反地，球員是否能準確地將球傳到三十碼遠的地方可用雙眼判斷，如果要衡量可能得更爲具體：「能夠準確地將球傳到三十碼之遠的地方，好讓接球的隊友無需每十次有八次必須調整位置。」將目標精準地化爲可衡量的標的有助於清楚了解球員的能力範圍和教學成效，同時也能設立嚴謹的標準：「等到十次中有八次成功才能停下來。」

第二項差異則是「**標的必須可行**」：**當事者應該要能在時間限制內完成練習活動的標的**。希望球員練習一小時就能熟習傳球技巧可說是不切實際，其中的各個小撇步、技巧和情境都得投注數年的時間才可能上手。不過球員可能因爲以往的練習而對於不同技巧各有熟習程度，所以能夠預期他們在時間內學會傳球的某個面向，這點也只有將傳球細部拆解並按部就班地日積月累，才可能熟習整體技能。

我們先試想，上述兩項標準應用在專業場合的情景。

假設對象是一群外科住院醫師，標的如果是「爲了手術練習」就不太理想，不過在此樂觀假設標的是「練習確認和調整手術室的光源，確保手術期間的光源能在不造成干擾的前提下維持最高亮度。」這就是個具有重點的標的。一個團隊若是能如此接連確認十項精準標的，成功的機率絕對高過只是籠統練習十回的團隊。

標的除了要可行和可衡量外，應該也**要能引導人熟習技能**，即要有一兩樣實踐重點，例如可以和外科住院醫師說：「正確的作法是要讓光源照向切口，並運用標準的手勢請團隊調整燈光。」若以遠距離精準傳球爲例，則應該要求球員務必在丟出球時鎖緊腳踝，接著提高膝蓋。如此敘述有助於當事者在練習時刻意聚焦，專注於徹底執行動作，而不只是完成活動交差了事。

最後一項重點是「**必須早在練習之前就設定有效標的**」，這也許是最難達成的一點。許多提供練習的人，當中自然包含許多教學人士，準備的方式就是思考：「明天要進行什麼？」這個問題顯示了出發點爲活動而非標的，強調的是動作而非其動機。但是如果眞的要確認活動合適與否就必須清楚動機爲何，所以應該不是問明天要進行什麼活動，而是要清楚自己預期達成的項目，然後思考達到該目標的最佳途徑。在設定活動前先確立標的有助於選擇或調整活動。若是先決定了活動才產生標的，就只是將採取的行動合理化罷了。

上述兩者之間的分野也許看似難以理解，其實不然。我們曾經替一名王牌教師的課堂錄影，他雖然總是說學校狀況「還行」「算不錯」，其實卻屢屢幫助學生創下亮眼成績。那回錄影之後，我們留下來觀摩該校校長進行培訓活動。校長在活動中要求教師分別就規畫課程和確認標的寫下所投注的時間百分比，然後請教師輪流當衆說出自己的答案。

一位教師回答：「我百分之九十的時間花在規畫課程活動上，百分之十用在確認標的。」另一名的比例則是百分之九十五和百分之五，也有人是百分之八十和百分之二十。校長問到接受錄影的那名王牌教師時，他的答案是：「活動占了百分之十或二十的時間，百分之八十到九十是用在標的上。」優秀教師明白**要以「希望達成的標的」爲出發點**，而教學的本質正是有策略地決定哪些技能需要精進（下一章將就此深入探討，也可參考紀錄片《罰球線上》中教練比爾．瑞斯勒的成功故事）。

現在回到本章一開始提過的足球細部操練，其中的一個問題在於儘管「讓孩子練球」這項練習目標相當清楚，卻欠缺了可衡量且可行的標的，反而強加了傳球、射門、觸球等一長串的活動，導致教練面對這五項練習無法聚焦指導和提供回饋，球員也因此難以專注於特定項目，細部操練最終是否有其成效更是無人知曉。

我們在早期爲校群進行練習時也犯過相同的錯誤，當時我們成立了「行爲實驗室」進行細部練習，以面對學生分心時該採取的行動。行爲實驗室中會有一名教師站在教室前方教學，其他人則扮演認眞學習或調皮搗蛋的學生。但是一開始我們並未明確設定希望改善的項目，因此教師必須應對學生各種難以預測的行爲，可能未必是教師之前審思過的，也不一定屬於自己的強項或弱項。少了計畫，這項練習當然無法協助教師精進技巧。時間久了我們也學會設立特定標的：有時候是爲了行爲實驗室的各項練習，有時候是針對每一回練習，偶爾也會因人而異進行調整，活動成效也從此有了大幅進展。

最後還要和各位分享一項關鍵心得。理想標的和其他標的相輔相成，理想標的能夠著力於當事者之前已經熟習的技巧溫故知新，往更全面精密的技能前進。你的標的可能只在整合當事者之前熟習的技巧，整合的當下可能浮現特別困難或必須留意之處，這意味了必須將之前的標的獨立出來重複練習。依據練習時展現的熟習程度調整目標，必要時就回頭多次重複某個項目。

解鎖重點：

- 練習之前先將籠統的「目標」二字替換成可行且可衡量的「標的」，並且必須能引導當事者一步步熟習技能。
- 教導技能時的標的應由簡入難。
- 部分標的的重點應該在整合之前已熟習的各項技能。
- 依據當事者的熟習程度調整標的。

6 練習最擅長的「亮點」，放大優勢效應

一般人可能以為練習的目的是在某些已經擅長或尙屬陌生的領域求進步，以為所下的工夫都在彌補不足。練習在生活中的確扮演如此重要的角色，人們會找出需要加強之處努力。然而若是只練習尙未熟習的項目，只著重於成績不錯或尙需加油的項目，而因此陷入妄自菲薄的情結，反而會喪失將練習化為利器以發展潛能的機會。如果能投注時間和精力在練習強項上，也能如同加強弱項般有所斬獲。

丹．希思和奇普．希思在《改變，好容易》一書中新創了「**亮點**」（bright spots）一詞，用來指稱**運作良好卻常受到忽略或未發揮實力的事物**。他們指出，人很容易因為事情出錯而失望怨嘆，卻往往沒能珍視運作良好的面向。在此借用亮點一詞作為提醒，因為**練習時如果能夠集中火力在已擅長的領域，將能創造更驚人的價值**。

道格對於王牌教師的研究中有一點格外鼓舞人心——在教學上表現非凡的教師曾經

和一般人別無兩樣，既有弱項，也可解釋爲能力欠佳，課程規畫有時候也會中途出錯。王牌教師與衆不同的是他們的**強項**，在此以教師比爾爲例。

比爾年復一年地幫助學生創下亮眼成績，所以當我們得知比爾大學時期並未主修數學時感到驚訝萬分，他曾經對於改教國二學生深感遲疑，因爲擔心自己數學不夠好而露餡，做事雖然有條不紊但也稱不上傑出。有時候，比爾還會在講臺上面對一大群學生，才想到自己忘了影印當天需要的教材。然而，他的特別之處在於擅於鼓勵學生全力以赴，加上自身充沛的活力，學生不僅在課堂上全神貫注還樂於解決一道又一道的題目。比爾的強項在他的教室場景中明顯可見，就算學生面對超級難題，也能讓人感受到一股衝勁和渴望學習的熱情，這些魔力在比爾得請學生幫忙影印時格外明顯。其實像他這樣的教師不在少數，只不過強項和弱項有所差異罷了，有的教師也許比較不懂得鼓舞激勵，但在課程規畫上卻是頂尖高手。

由此可知，如果希望培養出更多能改變現狀的傑出教師，**應該在改善弱項上稍微放鬆，轉而將重心放在加強強項**，讓教師在某些關鍵項目上出色到其強項至少足以彌補部分難以避免的弱項。當事者若表示自己對於某些練習項目已經十分在行，往往只是出於希望少些練習，不過正因如此才更需要加強，因爲加強強項才能眞正讓人更上一層樓。

此外，練習強項也有助於提醒自己所擅長的項目，對於希望精進的專業或表現產生正面感受。**人在練習時，感受越是正面，就越樂於練習，也會因此持續進步**。如果某人已經是簡報高手，繼續練習簡報技能會帶來更多自信和快樂，可以請他們就最新的簡報模式應用所學技巧，或是請他們執行能運用簡報技巧的工作。任何組織能帶給員工最大的收穫正如同練習對於當事者的影響——慧眼識英雄並設法善用其技能。

另外值得注意的一點在於，練習常以群體進行。**群體練習**時，每個人的強項有所不同，個體的亮點可能是他人的模仿榜樣，這點對於團體彌足珍貴（第三章將對於模仿進行說明）。整個團體都能因此受益，上臺示範的人有機會成爲焦點，感受同儕的敬佩目光，也可能因此更加專精，因爲在能分辨優劣的專業人士前示範有助於提升表現，回饋的品質也會提高。團體中其他成員則能因爲有優秀的榜樣可以觀摩而大幅進步，處在優秀團隊中也會激勵人心向前精進。練習中有效法的榜樣，等於在提醒團員可以透過彼此切磋不斷進步。

解鎖重點：

- 找出當事者的「強項」和「弱項」並檢視確認；多數頂尖人並非毫無弱項，而是擅長於少而精的強項。
- 設法將已經熟習的技能應用於新面向以發揮強項。
- 將團體中一名成員的強項設為模仿項目並加速效法。

7 多做細部操練，再用模擬戰檢視成效

喬治前陣子剛升爲校長，即將主持的第一次校務會議是個格外重要的挑戰，因爲他將替自己的領導設下標準，也期許教職員能齊心努力提升績效。喬治面臨的挑戰在於一方面必須效率良好地主持會議，激發與會者能就學校的實際問題進行優質討論，同時也得確保教職團隊能深切感受到喬治不僅用心傾聽，還很珍視他們的意見。

爲此，他進行了兩項練習活動：先是獨自詳閱議程表，確認其中每個要請教和評論的環節，在一張張小紙卡上寫下教職員可能的反應。接著，他再大聲讀出每張小卡上的文字，一張張地練習如何以主動傾聽的技巧予以回應，所謂的「主動傾聽」是就所聽到的言論加以重複或濃縮成概要，以顯示就算自己持的是反對意見仍依然認眞傾聽和思考。一旦喬治發覺自己的語調或回應不盡理想，便立刻回頭就同張卡片再次練習，最後他複習了這些小卡數次，不停地細部操練到「主動傾聽」技巧在他身上看似與生俱來又稀鬆

平常。

之後，喬治請鄰近學校的校長凱莉前來幫忙。喬治先像模擬現場一般將校務會議從頭到尾地主持一回，然後由凱莉扮演會議中不同的與會者，以及依據喬治的小紙卡或自行發揮地於會議中提出一連串不同的評論，音調語氣時而極具熱忱，時而充滿懷疑或困惑。不過凱莉勸喬治這回不能像之前獨自練習時中途修改回應，而應該像是現場開會般發揮之前努力練習的技巧，在時間演進下繼續向前，面對與會者百種難以預期的態度，一邊依照議程主持會議，一邊處理當下可能使他分心或導致離題的因素，簡言之就像現場預演。

喬治爲準備校務會議而進行的兩種練習形式清楚說明了「細部操練」和「模擬戰」的差異。

第一個活動屬**細部操練，刻意拆解將身處的場合，好將「極致專心度」聚焦於某項（或某些）特定技能，目的在針對該技能加強精進**。細部操練要能盡可能以最大化的可能讓當事者心無旁騖地磨練某項技能，同時也在某個時間內產出最優質的表現。

喬治在實際開會時無需接二連三地記錄每次發言，面對範圍廣泛的發言，既無需一一回應也無法每回都運用主動傾聽技巧，更不可能有機會重複答案或反覆修改。不過喬治在自我練習時打破了校務會議的實際流程，爲的是爭取機會，利用極致專心的狀態針對需加強之處對症下藥。他提高了必須回應的發言數並累積成群，好集中火力透過頻繁刻意的密集練習發展出伊葛門的記憶學習，同時因爲能立刻「修補」自己不甚滿意的答案而朝成功邁進。換句話說，他是爲了加強技能並發揮應用，才刻意營造出這般需全神貫注的環境。如果他直接從第二個活動開始，恐怕練習的機會相較下少之又少，而且絕對不足以將關鍵技能磨練到熟習程度。

但**模擬戰**則恰好相反，**不再拆解場合結構，而是盡可能地模擬現場的複雜度和難以預測性**。凱莉幫忙喬治完成的練習正屬於模擬戰，提供難以預期的機會加強主動傾聽技巧，讓喬治在練習量減低的情況下反而能更清楚自己的技巧是否已純熟到能實際上場，是否在毫無預警的情況下或分神思考其他事項時也能夠發揮技能。爲了達到目標，凱莉才盡可能地以不同的聲音、風格和流程來模擬可能發言的與會者，讓喬治能身歷其境。凱莉不讓喬治在模擬會議時就自己不盡滿意的發言暫停重來也十分理所當然，畢竟模擬多在複製現場流程的關鍵面向，例如：主要活動的先後順序、能運用的時間、進行的場地或其他可能發生的變因。在某些情境下模擬時的確可以借用練習的技巧，透過加深現場可能面臨的狀況，讓與會者清楚掌握自己準備是否充裕，例如凱莉就可能在模擬會議中假扮特別難纏的教師。

專業運動團隊在模擬中可能會放出大量的觀衆噪音讓團員有所準備，或者像奧勒岡大學的足球隊一樣備戰。麥可・索可洛夫在《紐約時報》中寫道，奧勒岡大學足球隊成功傑出，其總教練奇普・凱立對於模擬賽中速度的堅持擇善固執，爲了限制球員進攻的時間，會讓一群學生助理穿著裁判服在場上穿梭，以超出眞實賽中裁判的速度替一位位球員放置球；助理教練若是希望針對某位球員的錯誤動作進行糾正，也只能在候補球員上場後才能帶到一旁溝通，背後的原因都在於要盡可能地模擬眞實賽局，將球隊盡可能鞭策到極致。

細部練習和模擬戰之間的差異當然並非黑白絕對——奧勒岡大學足球隊的模擬方式某方面而言也是在拆解全貌。但是這個分野之所以仍然重要是出於目標的差異，**細部操練著重加強技能，模擬戰則是爲了評量和最後準備**。換言之，前者用來集中火力於希望雕琢的部分，後者則恰好相反地自我提問：準備好上場踢球或主持會議了嗎？團隊的哪個面向已經一切就緒？面對上場表現的壓力又應該以何種心態因應最爲恰當？

如果球場上只有兩名球員在刻意規畫而且可預期的學習環境中應付五顆球，相較於十名球員站在場上面對一顆球和難以預測的種種互動，伍登深知前者的助益大過後者，因此他比多數教練更爲費心琢磨細部操練多於模擬球賽，他明白兩者之間的差異，因此化細部操練爲球隊成功的一項主因。

伍登只會在評鑑球員能力時進行模擬賽，清楚了球員狀況之後，就回頭專注於加強指導和學習成效。這點正是重要關鍵，因爲模擬戰有趣也容易實行，畢竟要準備模擬環境並不難，而且每個成員也都熟悉規則，所以我們往往常在準備時間吃緊時進行模擬，甚至不留意就過度仰賴模擬戰，但是由於進行模擬的門檻並不高，所以常見的毛病就是太多的練習時間都花在模擬上，但是其實效益更佳的作法應該是透過細部操練，讓當事者在進行一系列的細部操練後再整合各項技能。

過度依賴模擬戰的另一個原因可能是人往往將其誤以爲上上策，甚至以爲是教導當事者整合技巧的不二法門。然而細部操練不僅可以整合技能也能將各項獨立出來，有些可成爲次要細部操練的活動其實正是爲了整合之前熟習的技能。例如：喬治或許可以加入著重整合的次要細部操練，讓自己必須在展現主動傾聽技巧的同時，重新導正離題的發言，好貫徹會議重點並善用時間。喬治若是要進行這種細部操練，最好等到已經練習過如何導正離題發言的獨立活動，而凱莉也可能以較複雜的發言強迫喬治在可能離題的情況下，同時主動傾聽和導正發言，幫助他在聚焦的環境裡一次運用兩種技能提高效率和成效。

解鎖重點：

- 運用「細部操練」拆解流程，全神貫注於發展單項（或幾項）技能。
- 運用「模擬戰」評量準備程度。
- 一般而言，模擬戰若作為教學工具則成效較低。
- 模擬戰若是打得漂亮便是熟習專精的最佳證明，代表當事者能在時間和情勢皆難以預估的情況下發揮技能。
- 深思熟慮後再決定進行細部操練或模擬。

8 以「糾正」取代「評判」

伍登曾說過，**練習時的任何錯誤都必須糾正**。不過你若是正一邊讀著這本書，一邊想像伍登式的練習，請先讓想像煞個車，改朝另一個方向前進。各位的想像也許是一群加州大學洛杉磯分校的高手一起進行練習，假設他們正在進行的是某個伍登式的經典細部操練，在此稱之爲「接、反彈傳、切入」好了，這種老派練習不需要籃框練投球，不能選擇傳球方式，就只是一股腦兒地拚命重複以正確的方式練習最基礎的基本功。球員練習時，伍登也會出於習慣公開讚美：「華盛頓，傳球力道很夠！」有動作需要糾正時則將球員拉到一邊。伍登力求不要有任何漏網之魚，但是糾正卻多是私下進行，可能會請球員到身邊來，一隻手搭在球員身上說：「傳球之後，切入時要更俐落。」這樣的小細節讓伍登成爲傳奇教練，面對專業中百般無聊的元素也講究細節次項，這樣的堅持往往正是將人從優秀推往卓越的一大力量。

多了這方面的智慧，你可能會想下回練習時若有球員犯錯，就將她帶到一旁說：「露易莎，切入要再更迅速俐落。」這麼做是否會有驚人效果？這點很難說，因爲伍登的目標是糾正而非評判，兩者之間的差別在於，**評判是告知當事者如何改進，而糾正則更進一步，會回頭以不同方式再次進行，而且越立即進行成效越爲理想**。

所以伍登式的練習範例會是要求球員再回到原點練習如何更俐落地切入，唯有等到球員達到標準並改正錯誤，教練的評判才實實在在成爲糾正。誠如之前所談過，**練習就是要透過不同的重複方式將習慣烙印進大腦中**，只有練習過才可能在眞正登場時展現同一個動作。所謂的「評判」因爲僅止於告知對方錯誤所在，而往往幫助有限，**當事者需要的是建立肌肉記憶和寫下神經迴路，唯有重複進行到正確爲止的「糾正」才能達此目標**。

這裡值得省思的一點是，人的神經迴路其實不太具有時間感，做對一次和做錯一次都會以同等分量寫入神經迴路，究竟是先對或先錯對於大腦而言並不重要，比例就是一比一。因此在**糾正時最好多改正幾回，否則大腦對於對錯的認知比例仍會停留在一比一**。如果你訓練的網球選手反手拍並不正確，正確進行一次只能抹滅錯誤，但是立即練習三四回，則能讓正確的記憶大大擊退錯誤的記憶。所以下次當事者成功改正錯誤時可以向其表示：「對，很好。現在趕快打鐵趁熱再做五次，烙印到記憶中！」

之前提到了我們對於重複細部操練的詮釋——「有力之聲」取自經典籃球練習活動，目的是讓教師練習運用技巧要求學生坐端正。教師們多以不同方式多次重複了這項細部操練，運用一連串的肢體語言和音調請軟骨頭似的學生迅速挺直坐正。

活動進行時，我們往往在提出兩項建議後還得克服批判和改正之間的時間落差，例如當事者聽到建議「身體兩邊盡量對稱，頭歪歪的會顯得過於輕鬆。」然後等著下一輪再度上場練習。有時候練習時間過於緊迫所以教師無法再從頭試試，而失去大好良機。我們因此進行調整，讓當事者得到回饋後，不用等著下一輪才重複，而是馬上再次進行，如此可以立即改善，讓自己在短短幾分鐘內嘗試新方法而提升效益。不僅要化評判爲糾正，盡快進行改正，更重要的是必須督促當事者全權負責；若是請當事者立刻回到臺上演練，能在記憶猶新時試著求進步，指導人若能維持正面語調更可能有助於突破瓶頸。特別值得一提的是，改正的過程甚至無需教練指導，自我改正就是透過觀察到自身在某技能上表現不盡理想，然後以有效的方式再次重複改善，也是人人可行的選項，只要能自我糾正並針對錯誤多次進行改正即可。

簡而言之，「評判」是告知練習者如何改進，「糾正」則是設法讓對方透過實際行動改善。教學和管理上常常兩者混爲一談，但是認清其中差異對於成功與否卻扮演著舉足輕重的角色。

解鎖重點：

- 盡力要求當事者以不同或更理想的方式重新執行某個動作，而不僅止於告知錯誤或如何改善。
- 盡量縮短回饋流程，在告知當事者錯誤之後盡快促成改正。
- 維持指導心態，將重點放在解決之道。例如：說出「要俐落地切入籃框」，而非僅提出問題（例如：「這樣切入不夠準確」）。
- 盡可能私下糾正指導，若是公開糾正則應該清楚說明這是多數人常見的錯誤，同時以糾正取代批判，請所有人都針對該項錯誤重複正確動作。

練習就是一再重複某事直到有所精進，各位可能會好奇如此清楚又明顯的概念，怎麼會產生這麼多的誤解和迷思，不過人正因爲釐清誤解才能掌握理解的力量。第一步是要能產生更好的練習成效，接下來要談的是如何有方法地重新設計練習，也正是第二章的主軸。

CHAPTER 2

如何進行完美練習？

我們在人才培訓的路上跌跌撞撞了好幾年，歸結出上一章關於「重新思考練習」的各項法則。當初開始培訓工作時，我們對於練習和從中進步也抱持著傳統迷思，因此發展和設計的練習也不太奏效，所以希望第二章能幫助讀者少走些我們之前走過的冤枉路，讓各位和領導的團隊能打從開始便邁向績效良好的理想練習。

第一章分享的是練習的心態，這一章則要提供具體明確的步驟。

9 分析成功者，並進行正確複製

練習的首要步驟和關鍵準則，就是**了解成就卓越的主因**。無論所處領域為何，頂尖人才的篩選和傑出高手的研究都提供了答案，這些好手具備的技能正是你的每個團隊成員都該追求的，但是這樣的技能無法僅仰賴經驗。經驗固然重要，若是未能嚴謹地從中研究分析出成就卓越的眞正因子，經驗再受用也未必保證見效。

《魔球》一書闡述的就是因爲深諳賽局和頂尖表現而帶來的偌大價值。記者麥可·路易斯在書中談到奧克蘭運動家隊的球探如何慧眼識英雄，發掘不受重用的人才並以超級低價簽約，然後將人才訓練成能和洋基隊一爭高下的隊伍。關鍵根本不在於網羅或培訓出強棒，而在仔細分析贏球技巧之後發掘出具備這些技能的球員加以訓練。資深球探可能會憑著豐富的經驗找尋明日之星，判別傑出頂尖或表現平庸的標準也未必具體。運動家隊的經理比利·賓恩正是本著豐富資料尋找具體技能，而非追求球壇明星，所以才成功以低價打造出極具競爭力的隊伍。

從前一章討論過的練習法則可見，分析時必須要清楚所處專業中頂尖好手的技能，還得知道究竟是其中哪些要項造就成功（可以思考八十／二十準則）。要能釋放創造力達到卓越，就確認哪些技能必須透過一再重複寫入肌肉記憶。替練習設定明確標的時，則應該著重於哪些場合極需哪些技能，上場進行大型競賽、在課堂上面對迫切需要協助的學生、與董事一同和重量級客戶開會等都各有需求。

非凡學校的經驗其實和比利．賓恩的故事有異曲同工之妙，因爲我們深深仰賴研究結果來分析頂尖表現。我們的團隊剛開始觀察王牌教師時（即班上學生最爲貧窮但表現卻最優異的教師），發現這些教學高手往往並未察覺自己使用的祕密教學武器其實產生了驚人成效，我們對此也還沒有意識。這些教師有的懂得省思改進，有的會同時運用多項有效技巧，但是都並未逐項分析自己教學的各項技巧，雖然之前接受過訓練並未強調逐項鍛鍊，但是他們卻都出於本能或透過模仿展現了這些技能。

王牌教師雖然無法全盤說明自己不自覺使用的技能，卻依然穩坐高手寶座，但是高手對於指導他人邁向成功卻束手無策，因爲如果不能解釋出於本能的技巧，自然無法訓練他人重複自己的行爲。在此澄清一點，這裡的意思並非在確認王牌教師所用技巧前，教育界並未培訓人才或是其他專業領域未能成功訓練人才，我們生活和工作上眾多的教師和專業人員都擁有頂尖的驚人技能；然而，我們相信若是能掌握明確、具體又有效的教學技巧，王牌教師的人數可以成長十倍，因為教師能透過清楚理解後加強練習，進而產生傑出的表現。社會要能欣欣向榮，發展人才便是當務之急，對於成功表現的了解若是過於模糊，恐怕失敗率將不低。人若是欠缺具體的指導技巧，光是滿嘴老掉牙口號（教學要以心出發！認眞拚下去！標準要放高！）哪怕立意再好，實際行動上卻只是空洞。跟著口號隨波逐流，等於是假設人才培養的最佳辦法只流於充滿動力和內心澎湃，而不在於規畫出漸進成長且具體可行步驟。試想：面對一個吉他彈不好的人，你會鼓勵他只要用心彈便會大幅進步嗎？（凱蒂和這樣的人約會過，可以證明這種鼓勵毫無效果。）

在《改變，好容易》一書中，作者希思兄弟就觀察到了這種心態問題，他們舉出數個例子提醒讀者「所謂的阻力，常常是因爲缺乏清楚認知所造成」，也提到研究學者曾下定決心要改變西維吉尼亞州兩個社區中居民的飲食習慣，聰明的研究人員明白，若是希望讓對象飲食更健康，關鍵就在提供清楚簡單的飲食方式，所以並未將重心放在說服這些社區的居民健康飲食的種種益處，而是設法單靠一件事就幫助居民透過大量減少飽和脂肪而更健康——購買和飲用牛乳時選擇低脂而非全脂。研究計畫之所以能夠成功是討論和修改。接著將技巧化爲行動以驗證是否確實爲關鍵要素，同時爲了協助教師模仿正確，也會歸結出必須注意的要項，下一步便是請優秀的教師觀看影片中的王牌技巧精華片段，請他們進行模仿和加強。整個過程不僅漫長還必須多次來回重複。

最後得到的成果是成爲王牌教師需具備的一系列技巧，而且清楚又具體（請參考道格所著的《王牌教師的教學力》）。這就是我們爲了培訓教師所下的苦功和起始點，指導對象可能毫無教學經驗，也可能已有多年歷練。這個歷程讓我們對於持續練習和精進更加透徹了解，也指引了我們和團隊進行練習時該如何設立標的。

我們在這些王牌教師身上歸結出了一項「百分之百」技巧，基本上就是，厲害的教師能讓百分之百的學生在百分之百的時間遵從百分之百的指令。教學新手聽聞百分之百技巧後，不是充滿幹勁（這就是我的目標！）就是因此卻步（這根本比登天還難！）不過這項技巧並未說明該如何成爲這樣的教師，上述說穿了也只是喊喊口號。其實再進一步便能清楚解釋，運用百分之百技巧時的王牌教師有哪些具體行動也可爲他人採用，並且能達到相同效果。百分之百的第一項原則是教師必須使用「最溫和的方式介入」，王牌教師在糾正學生的行爲時，手上總是有多張好牌可以出，當下再決定哪種糾正方式最爲迅速、有效而且對學生又適當合理。

這個階段的技巧說明雖然有助於引導新手教師，卻還未能讓他們具備成為百分之百教師的利器。要能像王牌教師一般下策略性決定，除了需要累積手中的王牌，還得了解如何一一發揮極致，為此，這項技巧更深入牽涉了種種可能的糾正作法，從字面、說明到一一具體舉例都是功課。例如：教師可以運用正向的群體糾正提醒全班（「所有人都應該目視講者」）或是針對一兩位需要改正的學生極速糾正（「喬安娜，請看我！塔莎、大衛也是。」）也可以運用不點名的方式糾正個人行為，以避免學生受到眾人注意（「還有一個學生沒有專注。」）

在這般具體說明之下，教師採取行動以發展技巧的同時，也能夠觀察審視過程，訓練者如果要針對這項範圍較廣的技巧設計練習活動，也因此能夠按部就班地從細項開始，逐步發展成一體。我們的開學前暑期訓練便是如此作業，讓教師接觸學生之前先熟習技巧名稱和定義說明，才著手練習。

10 將技能拆解，分項練習

新手醫師在學習心臟手術必要的縫合技巧時，想要熟能生巧就必須從一長串的單獨技能開始，依循方法逐項學習勤練，從使用手術工具到打結，從縫合傷口到縫合組織，從選擇縫合的材料到縫合粗粗細細的血管……這些技巧的熟習必須逐項單獨進行，一次一項地練習，除此之外還要克服手術時的可能干擾（例如：替病人進行開心臟手術時，必定會承受掌控他人生命的壓力），實際將多項技巧一併應用於手術之前，醫師必須投注大量時間練習如何在橘子上打結，以及縫合大體的血管。這正是本篇的中心思想：**找出各項技能或確認所需技能之後，必須先以最簡而易懂的方式教導和練習，將領域中的其他面向移除，好讓當事者能一心一意地專注於該項技能，如此才可能內化成自身技能。**

除了移除限制，或是排除第一章提過的分心因素，逐項練習還能將學習和練習的單位縮小至容易消化的分量。音樂和運動的學習在此都是絕佳範例，針對各個技巧一一熟習並勤加練習等於替整體表現的成功奠下基礎。換句話說，應該要練習握球、丟球後才練習接球，而不是第一天進行棒球訓練就樣樣都學。最終的目標當然還是要在整合技能的情況下發揮各項技巧，例如：上球場比賽、進手術房拯救病人，或是透過閱讀課程扭轉學生的人生，但是**要成功達陣往往就必須以超乎現實的簡單方式，勤奮地練習逐項技能**。

這個概念能夠廣泛應用於眾多專業上。

經理人東尼正想要成立新的業務團隊。銷售要成功，頂尖業務人才必須時時具備大大小小的多種技巧，例如：可能必須從客戶的利潤強而有力地切入，需要運用提問技巧確認對方的著重點，又或許得透過傾聽了解如何和客戶搏感情，以及在說服對方時哪些部分要集中火力、哪些部分最好避而不談；業務人才也要懂得在客戶考慮決策時，不疾不徐地將態度拿捏恰當；入門的基本功還包括開會和講電話的技巧，如何塑造出專業又誠懇的形象。東尼若是希望團隊能每戰必勝，最佳的作法便是就各項技能逐一指導、加強練習，從和客戶打招呼的眼神開始循序漸進，確認團隊熟習了該項技能或找出有待加強的成員之後，才繼續到下個項目。

我們的目標是提供教師機會去學習王牌教師的技巧，並且透過將技巧逐項練習來增加成功機率。以學習上述百分之百的單項技能爲例，我們發展出的細部操練要求教師只能使用一種方式介入或糾正——運用雙手進行非語言表達。

首先，我們提供了教師一長串學生在課堂上常見的行爲（例如：低著頭、在不恰當的時機舉手、凝視窗外、雙腳亂動），教師得決定運用哪兩、三種手勢向學生表示如何修正行爲（例如：將手指向眼睛後再指向發言者，要求學生轉移目光；將右手由高至低地在空中比劃，表示要求學生將手放下；雙手交叉並將背挺直，則是要求學生跟著坐端正），接著，教師在進行熟悉的教學內容時一邊練習使用這些新手勢，可能是童謠唱頌，或是唱國歌宣示等，扮演學生的同伴同時展現出問題行爲，而教師運用手勢糾正行爲的同時還不能打斷教學節奏。

這項細部操練等於是單項練習，因爲將該項技能從其他相關的教學技能獨立出來，教師只需要專注於加強手勢，無需考慮任何其他技能。我們也運用多種方式排除了可能影響教學的因素，由於多數學生完全遵守課堂指令，因此針對班上多數人，教師無需掃視留意，不聽話的行爲則都已事先提出而在預料之中，教師對於哪位學生會有什麼行爲一清二楚，我們甚至請扮演問題學生的當事者要刻意誇大言行以方便教師辨認。此外，還簡化了課堂計畫，也不就教師練習的成效進行評量。因爲班級整體而言聽話又認眞，教師沒有調整節奏的壓力，能夠以自在的步調練習手勢。

教師在進行這項活動期間，多次練習了手勢，目的是讓手勢使用起來越加純熟自然。理想的情況下，肌肉會因爲活動而產生記憶，使得手勢能內化成自然，與教師每天指導改善學生的行爲密不可分。教師也更曉得如何在適當的時機下以這種形式介入，有時候可能甚至毫無自覺地運用手勢，這都可以歸功於練習——單獨練習這項技能，慢慢地不僅使人感到較自在，順利的話也可能建立起肌肉記憶。

若是我們起初沒有將這種糾正作法，從其他方式獨立出來，未能聚焦於練習這項目標技能到熟習程度，恐怕只會減低練習效果，教師是否能學會使用手勢也難以預期。教師練習時，如果還必須應付其他各種學生的問題行爲，例如同時好幾位學生在學習上偏離正軌，恐怕這項練習以手勢介入的活動只能宣告失敗，因爲這種多頭馬車的情況會需要不同的介入導正，必須採取的行動會不同於這場專業培訓的目標（即熟習以非語言糾正的技能），如果未能將技能獨立出來，等於只能任新手教師隨機採用，又或當事者可能因爲同時使用多項技巧而難以負荷。如果沒有逐項單獨練習，恐怕會犯下前面提過的錯誤：讓教師越練越錯，而非邁向成功。

留意整體表現固然重要，卻也必定得針對技能逐項下工夫到練習純熟，才可能造就整體的熟習並避免養成壞習慣的可能，否則壞習慣可能會產生羈絆，使人無法持續朝卓越邁進。

再以東尼爲例，這位經理人剛成立了業務團隊，滿懷希望地想將團隊打造成公司頂尖的業務強棒。如果東尼一心想讓團隊快快出擊，提供了齊全的必要資訊後，就讓團隊同時運作多項技能：電話銷售和進行銷售會議，每位成員也都抱著正面態度、滿懷熱忱地練習這些成功必備的技能。東尼眼見大家很快都有所進步，幾位新進人員還立即展現了厲害的技巧，便讓團隊開始業務銷售。一開始的成績差強人意，銷售成績和團隊士氣一樣低落，東尼觀察之後發現整個團隊都手忙腳亂的，表現不佳的人欠缺了眼神接觸和善於傾聽等基本技能；較爲成功的幾位雖然也可能基本功不足，但是卻想出了辦法截長補短；兩三位成員對於客戶的利潤並不熟悉，也根本無法就此互動溝通；有些雖然對利潤頗有概念卻不善於傾聽客戶的想法。整個團隊就像明明握筆方式錯誤卻忙著重複練字一樣，也如同爲拿針方法錯誤卻想要縫合傷口。這般一而再、再而三地加深錯誤技巧，東尼深知若是不重新訓練基本技能，停滯在高原期也是遲早的事。

這種情形也常見於講求表現的專業領域，而此一習慣成自然的錯誤常見於招聘新人後，無論訓練後的各項技能水準如何，都預期新人能正常運作。培訓單位鮮少要求新進職員就各項技能逐一練習，頂多請他們視需求培養某些技能罷了。大多數人的處理方式是截長補短，成效不差的情況下甚至會另聘專人來補足原本的弱項，不然就是想盡辦法在面對未能熟習的技能時避重就輕。

上上策其實是將事前練習或新進人員視爲良機，將必要技能逐項拆解加強以奠下堅強基礎，一味地修補弱項和遮蔽事實可能只會對日後發展構成阻礙，甚至在升遷上影響到聰明出色且可塑性高的新進人員。

解鎖重點：

- 教導某項技巧或技能時，應該就此獨項練習到熟習。

11 爲技能命名，減少溝通成本

每間新創公司（和新手父母）都深知命名的重要，新公司在行銷品牌上往往會爲了追求完美無缺的名字而投注大量的時間和金錢。人們挑選名字來展現眞實的自我並與他人有所區隔，名字可以鼓勵團員邁向卓越也能引起外人的興趣。所以命名不能乏味、老套或耍花招，因爲名字會影響公司發展，隨著公司成長蛻變，我們自然希望名字能持續反應公司的與衆不同。

雖然人們清楚名字的影響力，卻常在建立團隊時忘記這項重要無比的法則，往往也不會替每天使用的技能命名，不然就是使用術語指稱或隨性取名。其實若是處理得當，**替正在練習的技能取個富有意義的名稱，將可帶來巨大的影響**，其正面效益實在不容小看或忽略。

替準備獨立練習的技能命名，等於替練習團隊創造了特有語言。既然這些高層次的技能就是練習目標，你自然希望團隊能夠投注時間就此討論和專心努力，因此理想的技能名稱應該要具有邏輯又易於記憶。而且名字若是取得理想還有助於技能的持續發展，例如：同樣的練習命名爲「百分之百」絕對勝過「每個人」，因爲每回討論這項技巧便會提及「百分之百」，這個名稱所象徵的意義和注入的力道必定強過「每個人」。

命名之前必須先認識技巧，不過光是如此還不足，正如同替技巧命名卻未先針對技能逐一深入分析，如此並無法讓人透徹了解如何改善，唯有對技能認知和命名雙管齊下，才可能規畫出有效的練習。**關鍵技能若是命名得當，等於替人才培訓埋下了成功種子，而且因爲能省下「時間」這項人們永遠嫌不足的寶貴資源，所以也有助於大幅提升管理效率**。練習時的**共同語言**能使得人才培訓的效率事半功倍。

由於職場上時常充斥著圈內人的行話，命名的重要更成了關鍵。技能的命名不應該僅以專業領域術語爲導向，目標不應該只是爲了讓當事者自認是使用特別語言的圈內人，也不是只爲讓原本簡單明瞭的技能看似複雜或聽起來厲害過人。有些名稱有助於發展而且能歷久彌新，甚至能將本意發揚光大，有些術語行話則會越用越模糊，如同一灘死水般的老掉牙，兩者之間有著天壤之別，行話可能的壞處應該要盡量避免。行話若是不夠具體，也可能取代或模糊了原本簡明扼要的訊息（例如：「一起動動腦袋瓜」有可能只是單純地「擺動頭部」，也可能意指「集思廣益」），行話原本指稱的概念，也可能因爲力道不足或常被誤用而失去了意義（例如「綜效」兩字），若是不想一腳陷入行話的爛泥巴，對於技巧的描述就必須具體明確，**名字必須富有意義且清楚易懂**，同時必須在加強運用上格外留意，才能確保名副其實。

命名的影響重要而深遠。學校領導階層對於《王牌教師的教學力》中的技巧熟能生巧之後，便時常以此討論教師的表現，這些分門別類的技能也不再只是相關人士朗朗上口的名稱或圈內術語，還因爲進而成了架構，影響著我們對於教學表現的觀察和分析。學校領導階層和教師們討論課程時，因爲都從這同樣的架構分析成果，所以也習慣引用這些技巧。

好好花時間替重要的技能想出強而有力的名稱，進而善用於培訓人才上，否則久了可能空有其名卻如同虛設。討論表現時也應該堅持使用既定的名稱，同時特別留意團隊是否也運用正確，並適時糾正。費盡巧思制定的名稱，若希望能走得長遠，便得盡力確保不會因爲使用者不同而扭曲原意，否則久了將削弱名稱的本意和其形塑練習的影響力。

解鎖重點：

- 針對可能成就頂尖能力的重要基礎技能（和技巧）逐項命名。
- 注意團體使用這些名稱的狀況——全體人員都應該正確使用。

12 模擬眞實環境，整合所練技能

要讓各項基礎功到位，在練習上就必須更上一層樓才能有精湛表現。針對各個環節努力之後，就必須將練習再度複雜化，也就是接著讓技能重新整合到眞實環境中。外科醫師學會了針的握法、如何選擇縫合的材料、打結，下一步要學習的就是**如何在不同的環境下整合各項技能**，可能是心臟不同部位的手術、病史各有差異的病患，而且還要加上實際進行手術時的時間壓力。

醫師熟習了基本技能之後，接著可能要完成一系列的病例研究，針對病患個人的特別需求和條件，決定要使用的材料，然後可能要在模擬手術時使用不同的材料完成縫合，先按部就班地執行一回之後，再縫合不同心臟部位以增加難度。下一關則可能按照實際手術允許的時間計時，好掌握自己在器材或大體上所需的手術時間。每進一步就增加一項合乎現實的練習條件，以盡可能貼近實際手術爲最終目標。

上述作法也和伍登的練習方式有所呼應，即伍登所謂的**不斷進行拆合的「分合系統」**。

他將籃球鉅細靡遺地拆解成連串細項，爲的就是視情況選擇加強。伍登也總強調練習必須有明確標的，講究細節的堅持總是勝過競爭對手。不過伍登除了著重於每項活動的明確標的，卻依然時時刻刻運用自身對於籃球細微深入的了解，配合球員的需求調整各項目標。架構下的彈性使得伍登的練習總是極具成效，過程中的節奏快慢，例如：技能的拆解（降低複雜度、增加專一度）或整合程度（增加複雜度、降低單一項目的著重）絕對會大幅影響練習的績效。伍登就曾寫道：「單項（技能）練習完畢後就再度整合。」

非凡校群某一次的暑期人才培訓就發生了一個故事，正好可以說明單項和整合練習之間的差異，以及兩者同等重要。

那是我們頭一回將「百分之百」技巧在工作坊中傳授給教師，某位新進教師完成的第一項活動便是稍早提過的非語言糾正，當中她練習了運用手勢，表現得很不錯。接下來的練習便是將百分之百技巧與角色扮演結合，以盡可能貼近眞實的課堂狀況。

教師必須練習如何讓學生按照程序排隊離開教室，學生都是由工作坊中的教師所扮演，其中兩名學生則會在活動前先展現將出現的問題行爲，不過教師並不知道活動中會由哪位學生表現。新手教師上場時，才剛結束非肢體的細部訓練，目標在教學持續進行的同時糾正學生的行爲。然而在角色扮演中，學生的問題行爲並未在教學時發生，而是在她請全班注意聽話準備排隊時出現，兩位學生並未聽從指令；全班只能盯著站在教室前方的教師硬生生地停了下來，就只爲了引起兩名學生注意，好讓自己運用剛練習過的手勢。

教師和其他人也都發現這種介入方式並不適用於當下，應該使用不指稱的個人糾正作法（「還有一個人沒在聽，老師說的就是你」）或對學生極速糾正（「伊森做到了，喬許還沒有」），然後就繼續下一步，雖然她採用了當下自認爲最溫和的方式介入，但是反效果卻較其他糾正作法還大，所以應該使用其他方式介入。

這名教師頭一次有機會整個百分之百活動的相關技能，儘管她表現出自己已經準備好發揮逐項練習中發展出來的技能，也可能的確對於模擬實境所需的整合技能有所準備，但是她的確還未能整合全套糾正方式，反而因此產生盲點。整合練習看似增加了複雜度，但是其實本身就是一種新技能——依據情況採取合適糾正方式的技能。這名教師因爲一時心急而採取了習慣的熟悉作法，也就是之前才練習過的糾正方式，問題當然不出在逐項練習上，她可能反而需要加強練習更多種介入方式。不過要能成功上手還需具備另一項技能：必須知道如何對症下藥，這點同樣也可透過練習達成（值得一提的是，這名教師現在對於各種介入方式都運用自如，只不過努力了一年半，這些技就變得渾然天成）。

爲了讓每一位與會者都有機會練習需要熟習的技能（或技巧），我們特別設計了單項的技能練習，在當事者準備有餘時，提高複雜度以激發出頂尖表現。這類的整合練習的取材上較偏向於模擬眞實狀況的難以預測性，也就是最終的技能考驗。將技能單項獨立出來，讓新手有機會在該項目的學習和使用上成功，將技能整合入更貼近眞實的情境，新手每多運用一回技能，就越能在表演或簡報等大場面上穩健展現各項必要技能。

對於整合技能和逐漸提高複雜度，我們絕大部分的了解並不僅出於自身經驗，理論的學習也大有幫助。在此稍微和讀者分享一項十分實用的理論。教學上的「近側發展區」（Zone of Proximal Development，簡稱 ZPD）一詞出自發展心理學家維高斯基，是人類學習效果最亮眼的區域，可稱是最佳高點。人在面對僅稍微超出能力範圍的挑戰時最容易達到此高點，也就是**追求進步就必須稍稍費力向前，卻不能用力過度**；進行看似簡單卻極具影響的單項練習之後，接著朝高點奮力向前便是關鍵。若是在提升複雜度上操之過急，大家（訓練者、學生、受訓人員、球員等）都可能反而措手不及，也恐怕一不小心就迷失方向。

我們在工作坊指導外部學員教學技巧時，常被問及是否會使用類似表列清單的工具來觀察教師運用技巧的情況。答案是不算有，因爲就技巧的逐項教學和逐項練習而言，最終目標不在於善用各項技巧，而是要巧妙地整合所有技能以加強學生表現，正如同練習足球的目標是在贏球，並非聲東擊西或傳球等技巧。

模擬戰的設計練習，應該將目標定在練習時盡可能模擬眞實狀況，如此等到眞正上場的一天，便能順利導入各項技能，因爲從練習累積成就的本能會自然發揮。另一項讓練習「擬眞」的作法是留意練習環境。「**情境學習**」一詞指的就是人在學習和記憶資訊的能力深受情境要素影響，其中一個要素便是環境，也就是如果在某一間教室學習之後又在同一間教室進行相關測驗，測驗結果會優於在別間教室測驗的結果（道格曾經在大專院校進行這項研究，比較學生在不同教室接受測驗的成果），在練習的應用上，**練習環境越是接近實際環境，眞正上場時成功大勝的機率也越高**。

大衛是某部門剛上任的主管，爲了在董事會報告而需要練習簡報技巧。主管先請他一一練習多項簡報技巧，站姿、投影片、速度、眼神接觸等，接著採用簡報上的文字整合所有技巧，然後再練習實際的報告內容，並加入簡報技巧和各項資料，最後爲了讓大衛的簡報能更精采厲害，也考量了練習環境。

專業劇團的正式預演會在眞正表演的舞台進行，專業溜冰選手也會爲了國際賽事提早抵達溜冰場練習，所以此處最理想的作法便是讓大衛站在眞正將進行簡報的會議室練習，就像實際上臺簡報般站著，而不是在主管辦公室或在其他辦公室角落進行。大衛也最好和其他人一同練習，或是請幾個人坐在董事們可能坐的位子上，這都勝過獨自練習或遠端練習。教師在練習時若是能將教學技能融入模擬課堂的環境，練習效果將更佳；如果能在實際上課的教室進行練習，成果將更亮眼，因爲練習結束時會留下成功的記憶，使得自己記得眞的站在講臺教課時就是要有這番表現。

解鎖重點：

- 教導各項技能之後，進行逐漸擬真的練習活動。
- 調整練習難易度時，必須依據當事者的熟習程度和接受挑戰的需求。
- 策畫擬真練習時，務必記得實體環境的重要，練習上的成功因此能順利轉移到真實狀況中。

13 制定優質練習計畫

練習前必須先制定計畫，這一點無庸置疑。教練、經理人、組織內的培訓單位等全都會爲了培訓成員而進行規畫。制定議程表、調整投影片、討論主題等也用心微調，就是希望活動能順利進行，結束時的滿意度問卷中往往也盡是好評。

不過，如此計畫的活動就必定會令人滿意或有所成果嗎？就我們過去幾年在非凡學校的經驗，若是希望練習活動有絕佳成效，多數人目前的作法恐怕還深嫌不足。因爲：❶運作良好的練習對於個人或團隊的發展別具價值。❷練習需要投注大量資源（最珍貴的莫過於時間）。❸頂尖優質的練習在規畫和進行上都十分複雜。

在在讓我們驚嘆不已的三項高報酬率行動有：❶規畫時要以出自數據資料的標的爲本。❷規畫必須徹底到最後一秒。❸針對計畫的沙盤推演，必須投注時間並調整修正。這些似乎都十分理所當然，在此我們先承認自己一開始就像多數人一樣，不願意花費時間和精力在這般的規畫上。值得再進一步向各位據實以告的是，這麼做絕對值得。

❶規畫時要以出自數據資料的標的爲本，依照需求調整修正

前一章曾經請讀者重新思考「練習」兩字，並且永遠必須秉持著目標練習。其中也提到練習時要有清楚又可衡量的標的，同時標的數目要有所限制，而且必須對於達成標的有明確定義。抱持上述態度的確能大幅提升練習成效，不過如何選擇正確標的卻仍值得探討。

《罰球線上》這部紀錄片道出了答案。主角比爾．瑞斯勒在擔任高中籃球教練之前，曾經是華盛頓大學的財稅教授，片中可見瑞斯勒對於數字和試算表的偏愛，他領軍羅斯福高中女子籃球校隊時，同理運用了影片和數據來加強球場上的表現。瑞斯勒在擔任教練的第一個球季中展現了另類的指導風格，原本看衰的隊伍因此一路打到華盛頓州冠軍賽，他也因爲球隊的表現而成了年度教練。女子籃球賽的觀衆多過男子籃球賽這可是史無前例，球隊甚至在幾場比賽中以多出五十幾分的表現狂勝敵隊，在瑞斯勒擔任教頭前的球隊中，可從來沒有創下這樣的佳績過。他領軍後的五年，羅斯福高中鏢客隊則贏得

了州冠軍。

你可以在片中看到瑞斯勒如何運用影像和數據分析，直到深夜都還忙著解析球賽和練習影片，逐項記錄每位球員必須加強的的具體技能（例如：一對一防守、邊線球、傳球、快攻等）。他還就此以逐項技能爲單位，決算出球員在加強自身弱項時，各項該花幾分鐘時間練習，同時也推斷了某些技巧對於個人和團隊的表現格外重要。瑞斯勒運用這些寶貴數據制定出的練習計畫詳盡到包含了應該練習的技能、練習時間長短、需要練習的球員。他先確立標的才以此爲依據規畫出細部操練；無論是教練或其他領導階層，常常都忽略了練習的計畫應該以數據爲本，王牌教練也會就比賽表現、練習狀況和團隊需求等隨時調整練習，**挑戰成功就提高難度，挫折卡關就降低難度**。這種以數據資料爲本的過程，也適用於各位正努力加強的各種技能。

將頂尖表現拆解成各項技能之後，依據個人需求整理出範疇和順序，或是依照邏輯表列出各項技能練習先後，不過在了解團隊和他們眞正的需求後仍應視狀況彈性調整練習次序表。

《華盛頓郵報》曾刊出一篇關於華盛頓紅人足球隊季中練習的文章（名稱是〈紅人隊和所有國家足球聯盟團隊在練習上最講究的是細節〉），文章作者貝利．斯維路加在紅人隊為對抗紐約巨人隊所進行的練習期間，密切觀察了紅人隊總教練麥克．山納漢和其教練團隊，山納漢規畫練習時所考量的不僅是他深諳的美式足球技巧和對於球隊的了解，還思慮了當中將一較高下的敵隊在面對各個紅人隊球員時可能展現的因應之道，然後就此加強練習。除了分析自己的球隊，他也分析了巨人隊的表現，好就賽局可能的關鍵發展萬分準備。我們進行教師訓練時若是未就範疇和次序進行分析便開始，練習便難以發揮其最大功用。

❷計畫到最後一秒

斯維路加在上述《華盛頓郵報》的文章中多次提到紅人隊的練習腳本——費了多方苦心琢磨出來之後，便在練習中如聖旨般貫徹到底。球員、教練和攝影師能從腳本中得到詳盡資訊，包含球隊練習的各個回合、誰在其中、球員和球在整場練習期間的所在位置。如此縝密詳細的計畫毫無漏洞，何時進行哪項細部操練、哪位球員要練習哪些技巧、是否有時間進行某特定活動等都全在盤算之中，不可能在中場期間調查大家接下來最想進行的練習，也絕對不會有人因為以超高效率完成活動就能休息納涼。

我們也在非凡校群中如此縝密精細地策畫練習。保羅·班布列克·聖陶友發展出了一套規畫範本，這個名爲「活在學習」的範本要求規畫者必須明確訂出每回練習的目的，又各需花費多少分鐘。雖然這個概念並不新穎，但是在範本出現以前，我們正欠缺了這般規畫，既不分秒必較地注意每回練習所需的時間，也未深度思考如何事半功倍。讓我們有所改變的也許是範本本身，又或許是因爲持著共同範本分分秒秒地進行規畫，進而激勵出團隊精神和文化。無論如何，最後執行出的練習的確毫無漏洞。

❸模擬並調整計畫

斯維路加對於山納漢和紅人隊曾寫道：「相較於紅人隊在自家四個練習場上所花的時間，其實更多的時間投注在練習的事前準備……週三和週四的練習都會先行沙盤推演一番，模擬練習場上的可能發展……」因爲唯有預先準備才可能讓練習效果加成，每個接連步驟和動作環節也都在演練間清楚說明，如此球隊方能蓄勢待發地開始練習，運用每個寶貴時刻實踐、加強並邁向成功，而無需就練習內容再加以討論。

針對練習活動事先演練有益無害，我們曾因此將活動作廢、大幅修改、爲求易懂而簡化作法，卻也因此在事前模擬時每每能就以往成功的活動爲基礎繼續向前。

實際上，每回我們在萬事就緒前總是在和時間賽跑，光是爲了每回練習要完成縝密詳盡的計畫，也都像在作戰打仗一般。由於並非每項練習都可能事先這般沙盤演練，端看要投入的多少。假設你策畫的練習需要花上好幾位團隊成員的好幾分鐘時間，等於組織必須投入不少資源，也因此必須確保規畫和模擬的時間能妥善運用，而人越是透過練習求精進，自然越期許自己也能在團隊練習上提供助益。我們就透過練習活動的錄影加強了自身引導練習的技能，包括了一對一和團體的教學練習，透過之後對於練習活動的分析和雙向回饋來了解團隊該如何求進步。若是能投注時間在事前的模擬和調整，必定能大幅提升練習效率並產生亮眼成果。

14 化分秒為利器，不浪費練習時間

想當教練嗎？去買個口哨吧。這裡雖然只是打個比喻，但有時候卻的確是字面上的意思，也許真的該去買個口哨。如果你真的採取行動了，可能還不容易找得到口哨，畢竟口哨不是什麼酷玩意兒，運動用品店的店員也許會一臉狐疑地看著你，好似你要買的是木製球拍和聚酯纖維製的超緊網球褲。既然不是過氣的老頭，那根本就不該吹口哨，而應該說：「大家聽我說，專心聽。停下動作，全部上前聽我說說剛剛發生了什麼事。」然後充滿理性訴求地討論剛剛某位成員在練習時犯的錯誤或優異表現。

但是這正是天大的錯誤。無論是與會者多至數百人的大型業務訓練、旨在練習如何有效進行績效評鑑的小型主管會議，又或是教會的合唱團，這種領導臺詞只會減低練習效率。上述話語大概得花十到十五秒鐘，而這還是假設說第一次時大家就注意到，並都認真聆聽地湊上前來（而且一般人往往會等到他人也有行動後才可能跟進），若是能在三十秒內切入關鍵正題就已經算是幸運了，但是往往到三十秒時關鍵點就已經流失了，等於拉長回饋時間而降低了成效，更嚴重的問題在於浪費了時間。

但是如果是吹口哨、拍手、搖鈴或用手機鈴聲提醒，假設團隊成員都知道吹口哨代表必須立刻停止當下的活動並注意教練，就不必等三十五秒才切入正題，五秒鐘就夠了，等於每次要進行指導時都能省下三十秒的時間。現在乘上每回練習時介入指導的次數，爲時九十分鐘的練習中若是每四到五分鐘就指導一次，等於介入二十次，那麼讓成員習慣於你運用口哨或其他工具替指導開頭便能省下十分鐘的時間，等於是總練習時間的百分之十。

假設你在指導高中球隊時，每一季介入指導五十次——每週五次、共十週，**透過微幅調整便能大幅提升效率**，因爲每一回介入指導都省下三十秒，最後多出了五百分鐘的練習時間，掌握了這多餘的八個多小時就等於多了五、六回的練習，足以將團隊訓練得強過其他競爭球隊了；**將時間拉長到以季或年爲單位，總和甚至能多出一萬個小時的練習時間**。可是，除此之外還可能有其他能提升效率的面向，好比加快排隊和練習的速度，避免在切入正題前蹉跎掉過多時間等。如此一來，無論是在實際運動或只是譬喻，你都可能成爲極限高手。

這裡再從我們自身經驗中分享一個反例。

我們在訓練期間常會將團體分成小組進行討論或練習，大家多滿懷熱忱且踴躍參與（也可能是迫不及待地想討論當天的午餐！）小組討論或練習時，多數人都希望能繼續互動到完整表達意見後再進行下一步。工作坊運作初期招收了約一百位的學員，所以每次要改以小組進行都有些困難，我們其中一人得站在教室前方宣布：「好了，現在討論要告一段落，我們看看有哪些成果。」出於對於同行的信任，每次宣布總是一派尊重的口吻，不過無論是提高音量或低聲細語，無論工作坊所在地點是密西西比州的克里夫蘭市或俄亥俄州的克里夫蘭市，每回都因此浪費了大把時間，與會者卻依然滔滔不絕。

對於其中多位頂尖學校的高層而言，這點格外令人受不了，因爲這些學校爲了掌握寶貴的學習時間，已經將學生訓練到能快速聚焦聽講。諷刺的是，雖然有時候工作坊的主題也包括這一點，但是現場卻有這麼多成人在浪費時間，活動評鑑表中也有人就此提出不滿。我們深知必須有所改變，所以制定了簡單的拍手信號，頭一次拍手時便向與會學員表示，聽到拍手聲便表示討論必須停止，並語帶歉意地表示儘管不願意也必須停止，雖然很高興大家有如此多寶貴意見可分享，不過各位的時間如此寶貴，必須善加利用，因此還請大家屆時迅速遵守指令。

此後工作坊都進行得挺順暢的，也因此節省下許多時間。可是拍手並非最佳作法，因爲與會者未必都會聽到，畢竟除了刻意拍手外，同樣的聲響也可能出自其他來源。過了一段時間，我們便決定加強信號，改爲快速連拍三下，由於辨識度高，所以與會者多會聽到並即時反應。有時候我們也會在拍手三聲前的十秒鐘迅速拍兩下作爲預示，大家因此能準備收尾而無需突然被打斷；有時候我們也會要求學員拍手回應，這種主動回應有助於重新聚焦。每次希望全體學員從小組活動中再次重新聚焦時，我們也會拍手提醒，他們每一次聽到也會拍手回應，這麼下來的確也省下了數小時的時間。因爲信號一致又無需言語，我們也不必就此道歉或說明，由於對於信號的使用會事先解釋，學員注意指令後我們也都盡量表示感謝，所以也是尊重他人的作法，接著就可以順利教學了。

簡單說來，這就是我們的口哨。雖然老套而且乍看之下可能奇怪，但是實際效率和成果都不錯，而且每個人都能接受，可說是大智若愚的作法。

優質的練習活動和中上的練習活動有所不同，其中差異往往來自主辦單位是優質頂尖還是僅屬中上，不同的體制對於練習效率的影響深遠，練習活動若是缺乏必要的體制，說穿了就是蹉跎時間。

優質的主辦單位懂得掌握手中的口哨，運用清楚明確的技巧提醒當事者如何善用時間，以此盡可能提升練習效率，就算是在專業場合指導成人也能依樣執行，而且不僅是在結束小組活動時發出信號，也可能是要預告休息時間的結束等訊息（我們後來運用投影幕投影出倒數計時，從倒數十分鐘開始提醒學員所剩時間，如此就不必花三分鐘走上走下請學員歸位，否則原本的十分鐘休息可能會成為二十分鐘長），讓當事者明白活動所剩餘的時間有助於對方準時結束，也能清楚說明提問的時間點和方式，例如應該等到最後才發問，或是可以隨時提出（提醒各位，若是選擇後者，有可能無法涵蓋所有內容）。

對於定期頻繁進行練習的組織而言，則可以考慮另一個能大幅提升效率的關鍵，例如：有些學校的教師每天都教課，有的業務團隊每個月固定開會檢討對於客戶疑問的應答，也有每週都練習三次的棒球隊。類似上述的情形中，當事者抵達時和正式指導開始之前，都應該要將這段期間內他們應該進行的活動制式化，換句話說：

- 就算教練或主持人還在放三角錐或和訪客寒暄，當事者抵達後都應該要進行某項極具價值的活動。
- 固定在同一個空間公告當事者應該進行的事前準備。我們的校群將此稱為「立即行動」，其中的原則也適用於此。「立即行動」所需的時間應為三至五分鐘，當事者應該無需進一步口頭指導便能獨立完成，你只要稍微瞄一眼便能判斷對方是否正在進行。

在我們校群中，「立即行動」都是紙筆活動（教師一眼便可看出學生是否在動筆），假設換成球類練習，活動可能是要進行某特定的細部操練，並且要用到球以方便觀察。

你在浪費時間嗎？如何才能有所不同？

以下幾種常見的情境常導致時間浪費，在此提出有效運用時間的簡單建議。

◆浪費時間——無聊磨蹭：活動之間有時候需要另行布置準備或主持人、教練等必須進行溝通，學員往往就杵在一旁沒事可做。

改變作法：事前準備時最好能盡量排除這種情況，若眞的無可避免則可以試試看「書籤活動」——即已經練到熟悉而且名字響亮的高效能活動，你在準備的同時學員便能自己進行。

舉例說明：教導女兒的少年足球隊在某項細部操練時將球員以四人和兩人爲單位分組，組員彼此傳球時必須兩隻腳都用上（例如：一隻腳控球，另一隻腳傳球），這個遊戲可能因爲超強的西班牙球隊而被稱爲「巴塞隆納」。下一次如果發現接著要進行的練習還有三角錐沒擺置好，就可以說：「現在四人一組進行三分鐘的巴塞隆納，開始！」

間。

◆浪費時間——輪流等待：學員花在排隊輪流練習的等待時間，多過於實際練習時間。

改變作法：以更少人數為單位再次分組，或是以迷你團隊的形式事先練習。也可以讓學員在輪流等待時賦予某積極角色。

舉例說明：你手下的主管正在練習如何和辯解連連的下屬相應對。他們以六人為一組，觀摩其中一人如何在溝通不良的對話中面對某位「員工」，事後小組再提出想法回饋，但是他們的時間多在扮演旁觀者，這時候便可以插入事前練習，兩兩為一組地進行小型的兩分鐘角色扮演，運用較單純的情境「暖身」。

◆浪費時間——說明冗長：主持人或教練花費過多時間，就多項獨特的細部操練或活動進行背景說明。

改變作法：設計好細部操練後加以命名（有了名稱，之後可以省下再次解釋的時間）。盡可能以不同變化形式重複練習同一項基本細部操練，以此降低說明解釋和實際練習的比例差異（執行稍有不同卻對於細部操練深感熟悉，不僅能節省時間也有助當事者專注於注入練習的新元素。細部操練的其他元素如果維持不變，當事者在學習新的部分時較能體驗正向挑戰，因此對於自己正在學習新技巧更有自覺）。

舉例說明：你為了訓練出庭律師而設計了一項細部操練來加強他們的開場發言技巧，因為節奏快且有壓力（當然也很有意思）而將其命名為「強力淬鍊」，訓練當事者的計畫能力和即時反應，可以用來開場並將案件本質稍加改變，也可以用在練習結尾和中間的發問。律師們對此熟悉之後，一聽到「強力淬鍊」便會立即著手練習。

◆浪費時間——討論過久：當事者花在討論、互辯或詢問的時間多過於練習時間。

改變作法：縮短討論。規畫討論時間時寧可過短也不要太長，期間也要走動巡場以確保討論不會失去方向或淪為閒聊。

舉例說明：練習簡報技巧之後，參與成員僅有兩分鐘能和夥伴討論學習收穫，主持人最多只從全組中挑出兩則感想分享，然後便進入接下來的練習。

◆浪費時間——忽略瑣碎時間：主持人和教練錯失了這些稍縱即逝的輕鬆時機，未能在日常時刻中穿插練習。

改變作法：改變想法，不要再以為練習只能在職員會議或特定時間進行。每一次就當事者的表現評論回饋時，就應該思考是否可能在當下練習剛剛討論的項目。

舉例說明：在和某位員工談到最近的電話銷售時，除了提出不同的作法，還接著提議：「現在從頭到尾試一次，看看聽起來有何不同。」

除了上述的建議之外，值得謹記在心的是**每位頂尖教練對於善用時間都非常擇善固執**，因爲如此便能更留意到時間的浪費，並想出絕佳的因應作法。也許是事前必須規畫得更縝密（伍登的細部操練不只對於球員所站位子有所計畫，還會詳盡說明共幾位球員該處在哪些位子、球的擺放處、每個定點該有幾顆球，他通常也會指定一位球員負責撿球，以確保期間不會少球練習），而道格的女兒有一位足球教練總是會在球隊進行模擬戰時多一顆球在手邊，一見球出界便馬上將手上的球投出，好幫助球隊持續練習，然後自己或某位家長再到十碼遠之處去撿出界的球。這項作法如此簡單卻令人驚嘆，因爲我們計算之後發現，若不這麼做，球隊的練習時間會約有百分之二十浪費在這樣低效能的行動上——某位球員上前去撿球、四處看一下、擲了球，歸隊後模擬賽才能繼續，每次大概得少掉二十秒的時間，整場練習下來等於吃掉了一至五分鐘。發揮創意並快點練習吧，因爲**效率絕對重要**。

各位可以運用以上法則著手開始，不過練習要有所成效就還得談到接下來章節的兩大面向——「善用範例」和「回饋意見」。這兩個面向在練習效果上扮演了關鍵角色，同時也十分複雜，所以我們將在接下來介紹練習法則。

CHAPTER 3

善用範例，讓練習更精準

替團隊規畫理想的練習時，爲了一開始就能練習正確，你可能偶爾會察覺**教導技能的最佳方式便是透過範例模仿**。無論想熟習的是難或易，模仿的成效都最高。

詹姆斯是個烘焙新手，某天決定要烤麵包，便從一本食譜中找到麵包的作法，決定著手試試。食譜乍看之下十分簡單，三杯麵粉有了，將三湯匙的溫水注入大碗中也一切順利。他按部就班地進行每個步驟，不久卻感到一頭霧水，看著食譜上的「喚醒酵母」不禁心中滿是問號，酵母該怎麼喚醒呢？他繼續讀下去，食譜提到揉麵團時得小心不要揉到轉硬，而且要有彈性。讀到這裡，他想著自己大概知道怎麼樣算揉錯，但是又不確定揉到何種程度才算恰好。食譜上又提到「將麵團靜置一旁發麵，然後拍打麵團」，是眞的拍打嗎？走到這一步的他發現自己大概不能光靠食譜了，得請名廚茱莉亞·柴爾德這樣的高手指點。

詹姆斯發現，自己需要有人示範每個步驟才可能了解整體過程，食譜比較像是清楚具體的指南，適合已經對此有些概念和技巧的讀者，不過烹飪節目這樣的教學工具卻可以成功指導人練習。烹飪節目使得詹姆斯能更正確地學習和練習製作麵包的每個步驟，因爲節目中每一個環節都有人示範，讓他清楚食譜中的某些步驟原來該如此進行，他因此相信自己也能依照食譜進行，只要就著烹飪節目的示範依樣畫葫蘆就行了。相反地，少了範例便可能因為產生誤解而造成錯誤的練習，當事者對於如何再次嘗試反而完全沒有頭緒。

任何領域中的所有職業或表現，若是想要達到純熟的水準，都可以從中找出容易透過模仿輕鬆上手、學習效率又高的技能和技巧，有些甚至非得透過模仿學成。思考一下你的專業與其中的學習，哪些必須靠範例學習，又有哪些缺乏了示範就難以學成？無論是揉製麵團、穿針引線、運球技巧、電話客服或晶片雕刻，具備這些技能的人大概不會在傳授技巧時毫無示範，學的人最好也不要先未能親眼觀察就開始動手。

為人父母不僅讓人學到謙卑，更常驚訝於孩子的許多言行都是深受父母耳濡目染養成。說出「照我說的做，不是模仿著我做」的父母大概想盡辦法要孩子停止尖叫，自己卻手足無措到大喊。孩子日復一日地在家中和學校都在練習如何當大人，這樣的練習多出自模仿我們的一言一行，而非特別花時間刻意教導而來。

對於自己受到關注和觀察，甚至在無意間展現了種種錯誤言行，有些領導階層和教練可能因此而深感吃驚。

一九九〇年時期的美國職業男籃球星查爾斯．巴克利便曾公開表示：「我不是模範。」不過他當然是，就像接受了領導角色、被上司欽點為訓練人員或成立了團隊，自己很自然地成爲模範。

事實顯示，人往往會刻意或不自覺地模仿領導者或教練的言行，實例也在在顯示出**模仿能讓練習事半功倍**的神力。頂尖的訓練人員深諳人模仿的天性（以及進而產生的驚人學習成效），所以會刻意在練習中加入模仿這個關鍵要素，激發團隊成長前進；這些訓練人員也明白自己備受關注，自身言行的斟酌和形塑都會對團隊有所影響；他們也深知不如此進行可能會爲此付出代價，因爲若是未能清楚說明應該模仿的對象，當事者依然會挑選出模仿對象，或有意無意地以此爲標準學習。

這套道理搬到教學上的意思就是，教師的教學方式往往源於自身師長的教法，並非採用成效最佳的作法。接下來幾項法則都在談如何於練習中導入範例，好向當事者清楚點出學習重點，因爲範例正體現了應該效仿的目標和表現。模仿簡單獨項的技能可以一清二楚地呈現預期的表現水準；模仿較爲複雜的技能或同時模仿幾項技巧，則能展現如何整合各個單一項目成豐富精采的表現。

15 高手的示範和講解，讓練習如虎添翼

技能的示範和講解過程，必須引導當事者邁向更出色的表現。對於技能（或技巧）的講解，應該是**正確直白的訊息傳達**，技巧想要傳授得當，就必定得以**清楚具體的方式**告訴當事者技能的相關資訊、標準樣貌及正確作法，以上都得透過示範呈現。講解和示範若能規畫搭配得宜，便是助人學習的一帖良藥。

以下舉例說明：丹妮絲剛開始在某非營利組織發展部門的新工作，是大學畢業後的第一份工作，聰明靈活的她也準備好要開始發展事業和實現理想。工作了幾週之後，她得到了上司的肯定並接下了新任務——開始電話聯繫潛在投資者，除了了解對方對於組織的興趣之外也要建立良好關係，以方便在日後邀請參加募款和訊息發布等活動。丹妮絲最近一次請求支援的電話是打給祖父母，請求他們爲慈善健走捐款，所以她對此還眞的是毫無頭緒。

若是電話聯繫進行得不順利，不僅顯示丹妮絲辦事不力，還會影響上司，更會有損組織形象。幸好她的上司明白這一點，請她和這方面的高手同事雪莉先行練習。丹妮絲眞是幸運無比，因爲雪莉不僅在致電給投資者上很有辦法，還善於爲人才培訓規畫練習。

首先，雪莉先將致電一事的各個環節整理成概要，一一說明各個細項，同時附上建議的話術範例。接著，從頭到尾向丹妮絲講解概要並回答問題，然後說明其中可以彈性或缺乏彈性的部分，好讓丹妮絲了解何時可以自由發揮，何時必須依樣行事。之後，雪莉便打電話給另一位對於回應有所準備的同事進行電話示範，讓丹妮絲全程參與的同時，也將對話錄音下來，如此事後討論時便能重現某些時刻。

雪莉明白，要教導丹妮絲如何在電話上成功出擊，便得透過示範和講解技能，所以先逐項命名並一一解說，也運用了不同示範方式，例如：**書面**呈現了理想話術，並帶著丹妮絲**全程模擬**通話，必要時也會**再次示範並說明每個步驟和解釋原因**。光是示範對於新手並不足夠，雖然丹妮絲這方面極具天賦，若是聆聽雪莉示範後便著手開始，也許成效並不差，然而少了講解卻也等於造成風險，雪莉若是沒有在示範時說明行動緣由，丹妮絲可能會缺乏對於示範動作的深入理解。丹妮絲終有獨立行事的一天，可能得脫稿即興發揮，因此單是示範並不足以提供必備的決策標準來幫助她做出理想決定。

然而，若是只有講解說明，以及提供概要和其中思維，犯錯的機率則很高。丹妮絲可能會氣勢過高或語氣拿捏不當，也可能因爲環節進展不夠流暢，而使得對話僵硬尷尬。雪莉在練習上的展現說明了領導者在教導時必須示範和講解雙管齊下。**示範**提供了可模仿的具體形象，讓當事者能了解最後發展和成果的應有樣貌；**講解**則能替所採取的行動提供分析，說明如何運作及爲何奏效。

和各位分享一下我們的工作坊如何從錯誤中學習。

初期教導新技能時，我們會先針對練習如何運作仔細說明，才請學員分組進行，有些理解無誤，有些卻花時間在錯誤練習上，讓我們不禁思考究竟如何才能解釋得更清楚，以及誤會從何而生。最後我們發覺，問題並不出在語言或指令運用不當，也不是因爲學員沒有認眞聆聽，學員需要的除了既有的言語說明外還應該加上理想範例。我們開始替練習活動進行示範後，學員立刻都理解正確，另一項優點則是他們能夠在進行有偏差時自我察覺，因爲範例等於提供了準繩，讓人能具體了解何謂正確練習。

16 銷售高手的談判，不是表面看到的一套

有許多專業領域，在人才訓練或新進人員工作初期都會採用某種「模仿見習」的方式，其中的理由想當然耳。公司內若有長期表現出衆的高手，自然會希望能善用其強項，也能借此讓新進員工指點出值得效法的對象。但是儘管鼓勵近身模仿的立意良好，這種讓新進人員學習效法的方式恐怕卻是效果最低的，因爲不僅費時，也可能因爲在預習和準備上投注的時間不足，而未能提點受訓人員應該注意的要項。這些新進人員不僅對於自身能力程度還一知半解，也還未能從他人身上辨識出技能。

艾米是某公司銷售團隊的新進成員，聰明又積極的他剛從大學畢業，要接受的訓練包括了近身模仿銷售團隊的資深同事莎拉。他先和莎拉一同參與了與新客戶的會議，客戶對於產品的興趣一目了然，但是需要在銷售上談判一番才能敲定合作。艾米對於莎拉接下來的焦慮表現感到難以置信，莎拉看起來先是失望難過，然後一副沮喪困擾地脫下

套裝外套，將桌上文件夾中一半的資料丟進垃圾桶中。會議中途她暫時離開，向上司請示之後才回談判桌前。

會議室中的氛圍緊張生硬到艾米想著是否該離開現場，因爲自己的導師好像那天工作十分不順。然而最後談判的結果是莎拉和新客戶找出了雙方都可接受的交集，談妥了未來的合作，客戶離開時艾米還一臉尷尬地笑著別開目光。莎拉馬上催著艾米一同趕去開下一場會，讓他因爲不必就剛剛的會議多談而鬆了一大口氣。

他接著和莎拉與一位重要客戶開會。會中莎拉態度客氣而且和客戶關係良好，先是提到雙方長年的合作成果豐碩卻也不乏挑戰，然後向客戶說明公司的走向，並表示擔心客戶恐怕會不樂見未來的改變。艾米觀察了莎拉如何考量了客戶需求後，似乎盡全力地思考出未來雙方都能接受的合約，爲自己和莎拉感到慶幸的同時，他也想著會議應該多是這樣，準備好向莎拉分享更深層的正面心得。會議結束時莎拉和客戶都滿臉笑容地開心握手。

之後，莎拉問艾米對於這兩場會議有何想法。艾米先就第一場會議中莎拉必須打的硬仗表示深感抱歉，因爲不僅打得辛苦而且還得在新手前苦戰，爲了不再多談艾米就此打住，然後他將話題轉到第二個會議上，大力讚揚著莎拉的積極態度、保持對話聚焦的能力和高超的談判技巧，整場會議互動專業又愉快。

莎拉一臉失望地看著艾米，因爲艾米對於這兩場會議的實際情形完全在狀況外。業務經驗豐富的莎拉深知第一場會議其實比預期的還要成功，她強硬的談判策略成功地讓客戶簽了約，而且這只合約替公司帶來的利潤甚至超出莎拉事前所預期。會議中途與主管聯繫當然也在計畫當中，既非因爲無能爲力也不是爲了請示，只是要讓客戶焦急一下罷了。莎拉緊繃的態度當然也是爲了業務做做樣子，其實不但從頭到尾毫不憂心，反而非常樂在其中。

至於第二場會議，她謝過了艾米的讚美之後表示，其實自己並未達到預期目標，因爲她在會議之前就深知應該要和客戶結束合作，卻依然配合客戶調整了合約，而自己其實心知肚明幾個月後客戶恐怕只會不悅地另尋經銷商。艾米眼中的愉快，其實只是莎拉在反映自己無法在會議中當機立斷。

艾米這才對自己完全誤判情勢恍然大悟，莎拉也是到了這一步才有所察覺。若是莎拉沒有空與艾米就此討論，讓艾米自行消化體悟呢？他會因爲斷章取義和誤解重點而學習到錯誤。莎拉也因此發現可能的問題所在：艾米因爲是職場新鮮人而跟隨莎拉左右模仿見習，但是其實這個作法既不公平也不實際，因爲他**未必有能力正確詮釋所見所聞**。

若是艾米當天的模仿見習稍有不同，必定會有截然不同的發展：莎拉必須要先選定目標，就像撞球的有些玩法在**出手前要先說出自己的目標**，以確保選手擊中目標是因爲有本事而並非靠運氣。莎拉可以運用同樣的道理替艾米會前準備，說明開會的目標爲何，例如：「艾米，等一下請注意我和客戶的應對，這是我希望對方同意的價格。雖然我等一下可能會看起來很緊繃，還可能會中途離開向上『請示』，不過都只是刻意給客戶施壓的方式，這樣才較有機會維持價格和公司的利潤。你可以再另外觀察看看我還運用了哪些技巧。」如此一來艾米便知道自己應該要聚焦何處、如何進行觀察，莎拉也能藉機提問：「我還施展了哪些方法達成目標？」以此了解艾米的資質。

未先行說明目標就開始的最大風險在於：可能造成練習錯誤的惡性循環，當事者錯誤練習對於達成目標不僅有害無利，甚至可能是一大威脅。這種情況下的艾米可能在踏入職場初期就對於專業表現理解錯誤，對於範例的誤解可能使他在與客戶開會時表現不佳。若是換成了醫學院的學生，因爲看到外科醫師運用某種新奇的縫合技巧，就誤以爲因此可以大大降低感染風險，反而可能忽略了外科醫師每回手術前，滴水不漏的消毒清潔，才是低感染率的原因，縫合方法再怎樣令人驚嘆，也只是手術的一部分而已。足球員若是看到某位足球明星的腳上功夫，卻沒注意到眼神的運用，可能因此錯失了足球明星的高招之處。

教學上受到公認的理想作法是：請新進教師觀摩，優秀前輩如何帶完一整堂課。往往需要多方支援的新手自然視觀摩豐富經驗的前輩爲精進專業的第一步，還在摸索的教師也常希望能透過觀摩大師來學習「對的方法」，期待能彌補自己的不足並學到克服挑戰的其他作法。這麼做聽起來十分合情合理，但是新進教師卻未必清楚觀摩的重點，可能在應該注意指令說明時，誤把焦點放在視覺教材上。光是短短二十分鐘內能觀察的，就足以讓人眼花撩亂，更何況是一整堂課，而且課堂開始之後，幾乎沒有人能在一旁指稱標示出教師所運用的各項技巧，除非進行觀摩的教師本身的技能純熟到能觀察出臺上教師的特定言行和相對技巧之間的連結，否則對於示範的成功只是各自揣測。不過就像學烘焙的詹姆斯一樣，**「示範」對於正確練習的幫助可能超出任何其他教學方法，新手需要的只是專家在示範前先說明目標。**

補充說明：**示範後的討論和事前說明同等重要**，不能只問：「剛剛看到了什麼？」人常常只會注意到確立現況的事物，有時所見也只在加深自己已具備的知識和技能，換句話說就是只注意到符合當下的事物。所以事後討論的問題應該要能重現當時的情境：「這週晨會時你聽到了哪些具體讚揚的實例？我當時是怎麼說的？其他教師反應如何？」

說明觀察目標的人，未必一定要是展開示範的那一位，也可以由第三方指出，例如：「注意莎拉如何就合約進行談判，看看她的一言一行如何影響客戶。」由示範的本人或第三方設定目標都可以，重點在於**對範例的觀察**，還有如何**運用細微的觀察湊出標準範例**，這都是著手練習的最佳方式，唯有**清楚說明目標**才能讓新手在觀察時聚焦於重點。

17 直接在學習者的主場示範

人在學習時尋求範例，除了在某些技巧上得到指引，也想知道求證方法是否奏效，希望能看到烤得漂亮的麵包出爐，或是談判後雙方皆滿意的合約價格，等於在了解如何施展技能之外，也好奇著按部就班地來會有何成果。就像剛學小提琴時看見拉奏小曲的示範，了解正確的握弓方式能產生響亮的音符；觀摩厲害的教學技巧，便能眼見全班三十個學生每一個都專注學習。有時候人察覺觀看自己示範的觀衆（例如員工、兒女）觀摩得滿是熱忱、躍躍欲試，誤以爲光是示範就足夠，但是就算滿懷熱忱也會因爲偶爾有所懷疑而需要說服，這時**眼見爲憑**就是最聰明的作法，**人只要眼見某種技巧（或技能）確實有其成效，就可能放下心中不願嘗試的藉口**。

正因如此，我們在傳授《王牌教師的教學力》中的技巧時使用了大量的**影片展**示王牌教師的教學法，希望透過專家示範，除了能讓學員信服於這些技巧對於學生的影響，也能幫助教師熟習技巧。不過關鍵在於，影片要能有效示範，不僅必須完美無暇地展現技巧，也要能取信於人且自然眞實，否則就可能有教師會以此挑剔：「影片中的教學當然成功，臺上有兩個老師。我上課時可都只能靠自己！」這樣的示範毫無價値，而我們最不願意見到的就是工作坊結束時，研習教師雖然覺得範例很厲害，卻認爲「對我一定沒用」。

這種懷疑態度的根深柢固有時候超出想像。學習的人都希望能眼見爲憑地相信所示範的技巧在自身情境下也能發揮效果，若不感到信服則可能毫不嘗試。

《保母九一一》等美國電視實境節目就呈現了此種現象，節目中每週都有一位保母到一片混亂的家庭，重複運用同樣的技巧「馴服」調皮難搞的孩子。照理來說，參與這個電視節目的父母應該也觀賞了節目，既然看見保母在其他家庭上運用的方法，爲什麼不從中學習呢？很可能因爲他們認爲自己的孩子不一樣，施展這些技巧不會有效，這些父母有時候甚至表示已經用盡方法卻束手無策，也有觀衆還眞的相信這種說法，認爲有的孩子恐怕會讓保母吃個大敗仗，每週節目對於孩子行爲的種種敘述也令人憂心忡忡，讓觀衆深信這回保母恐怕碰到實力相當的對手了。每一週保母到家裡時，不只告訴父母應該如何幫忙孩子（要有原則！讓孩子罰站！保持冷靜！使用行爲衡量表！）還與孩子互動親身示範這些方法，直到此時父母才願意相信。

範例要能受人深信，便要盡可能地讓示範的情境相似於當事者將身處的情境，例如：見到和自己公司條件類似的企業有效運用某種技巧，自然不太可能有理由裹足不前。可能的話，最好**在當事者的情境下進行示範**，也就是「**推送式範例**」（push-in modeling），假設今天要向某位經理人介紹主持會議的新技巧，最具說服力的作法便是直接在對方的員工會議中示範。

同理，若是運用在教學上，讓還在摸索的教師去優秀同事的課堂上觀摩，儘管立意不錯，但這名優秀教師若是能到對方班上示範，反而更能使人信服。

面對各種藉口和懷疑態度的上上策，就是在和對方完全相同的情境下示範，在對方的教室帶領對方的學生，重要的是讓要學習的一方能夠預想自己依照範例完美執行。影片上的珍貴時刻可以打開學習之門，但是有些挑戰的推送式範例卻是更理想的作法。

18 全實力上場的超級範例

學習新語言時，教師常會以該種語言授課，如此在運用學習時間上一舉兩得。學生練習動詞變化、進行習作練習以加強字彙和語法結構，同時卻也沉浸在學習的語言中，每天都聽得到教師如何搭配字詞、使用動詞變化、提問和回答，當然還有正確的發音。課程目標雖然配合著教科書的規畫進度，但因爲課程是以目標語言進行，學生每堂課都從吸收教師提供的示範而提高受益。

同理，任何的員工會議或專業培訓工作坊都提供了沉浸學習的良機，就算練習活動並非工作坊的標的（尤其是這個情形下），都運用最佳範例來鼓勵員工效法。

假設你的公司在專業培訓上的標的是：希望經理人能學會如何有效鼓勵直接回報，希望借此達到或超越銷售目標，你事前也知道自己將會在受訓員工練習各個技巧之前上臺示範，爲此你不僅要字句斟酌，也得講究站姿、眼神交流和語氣等語言表達。所謂的

「超級範例」（Supermodeling）也要示範你將於練習活動中如何提供回饋、如何向團體報告、如何使用倒數計時器掌控簡報時間。

示範這些額外的技能，雖然不代表經理人能立刻上手，但是多數的頂尖人才會因此從中學習，有時成效甚至在不知不覺中產生。當事者對於相關言語聽聞越多、越是深信這是邁向成功之路，便越可能因此深入吸收成爲習慣。加強超級範例的一個簡單作法是請當事者不僅要就你傳達的內容沉澱一番，還要思考工作坊的進行方式如何使他們受益。

這點雖然似乎不證自明，但是超級範例如果進行不當，卻可能造成錯誤練習的惡性循環。我們在工作坊示範時都盡可能依照預期進行，包括最後希望學員展現的語氣、節奏等。例如：示範的主題若是簡報技巧，如果希望學員只聚焦於如何善用投影片，儘管重點十分清楚，示範時依然會同時呈現優質簡報該具備的所有特色。爲成人示範時可以選擇較輕鬆地只強調當下範例中的重點標的，或是刻意將所有的預期標的一併呈現，當事者模仿投影片運用方式時，其實極可能也會表現出如同範例的語氣和態度，所以示範時若是輕鬆隨意，當事者必定也會有樣學樣。

人在眞正上場時的表現，往往與練習狀況相差不遠，所以面對可能的風險，必須格外留意範例品質，才能在練習時運用這項關鍵元素設定標準。

19 孩子的模仿天賦驚人

兒女的教養特別能看出人的模仿本能。

有一回凱蒂帶著三歲的女兒外出用晚餐，女兒比手畫腳的姿勢是她從未見過的，先摸摸眉毛、交叉雙臂，一臉緊繃的樣子看起來遠超過三歲的成熟。不一會兒，凱蒂發現原來女兒正在模仿隔壁桌男士的肢體語言，絕對沒錯。男子改變動作時，女兒也仔細觀察模仿，凱蒂和先生偷笑了一下便盡量轉移女兒的注意力，以免因爲模仿動作引起男子不悅。

隨著人的年紀漸長，模仿的本能又如何發展呢？

電影《新科學怪人》中有個經典片段——伊果（馬帝．費德曼飾演）招呼著法蘭斯科坦教授（金恩．韋德飾演）請他「跟上來」。教授就這麼跟著，駝背的伊果一拐一拐地握著手中的小拐杖說著「跟上來」，並刻意誇張拄著拐杖走著，直到教授也駝背拐著向前。

韋爾模仿費德曼動作的模樣之所以好笑荒謬，一來是因爲看起來的確逗趣，二來是因爲生動模仿所產生的驚喜和詼諧，畢竟我們在請他人跟上時，並非要對方依樣模仿。模仿卻可說是天性本能，凱蒂和先生在與女兒用餐之後也發現模仿行爲並非偶發事件，當時女兒模仿的動作讓他們深感陌生，因而注意到女兒其實時刻都在模仿他人言行，人只是在某個階段學會應該停止模仿，因爲我們的社會認爲原創的價值更勝模仿。可是在學習新技能時，若希望透過範例和練習有所受益，有時候最佳作法就是**跟上範例模仿**。

非凡校群中的一名領導教師最近正在幫忙一位面臨挑戰的同事蘿絲。蘿絲在班級的基本管理上碰到了問題，常因爲糾正學生而必須放慢速度或中途暫停，如此反而產生更多行爲問題，身爲教練的領導教師已經和蘿絲嘗試過多種介入方式，最後決定親自上陣教學讓蘿絲觀摩。

觀摩之後他們一同討論，當時教練認爲蘿絲應該清楚明白了，因爲她注意到教練在課堂持續進行的同時，運用了非語言方式糾正學生，也聽到了教練會以極快的速度糾正學生後繼續教學。因此第二天教練非常驚訝蘿絲對於問題依然束手無策，因爲她運用的手勢無法讓學生自然聯想，因此根本不知從何遵從起；蘿絲糾正的速度確實很快，卻不夠清楚且頗爲負面，使得學生無所適從也無心改變。換言之，蘿絲雖然分析了範例卻在應用上全盤皆錯。

新手既有能力全盤模仿範例，也應該堅持實踐，然而這點卻常受到輕忽。雖然想起來理所當然，但是人在觀摩範例時，常常覺得要加入自己的詮釋；**全盤模仿**往往令人感到不自在，但是從嬰兒到幼兒時期這卻是再正常不過的，這種模仿的衝動確實讓我們在出生的頭幾年成爲了學習機器，但是長大之後我們往往過分理性。成人會思考所見的範例是否符合自身風格，考量該如何依照個人性格調整範例，然後就練也不練地停滯原處。

有些人在學習時爲了成就個人風格而錯誤應用了範例，因此以爲技巧對自己毫無效用，殊不知問題出在技巧的實踐，所以必須告知當事者，在學習技巧時全盤模仿範例其實完全沒有問題。若是技能深深牽涉到技術，例如：置入人體中心靜脈導管、替電腦換主機板，人在學習時比較傾向全然模仿，所以我們必須說服當事者，就算是許多領域中可見的簡報技巧、人際互動等看似軟性的技能，若是能將其視爲技術層面的技能，便可能在學習路上更爲順暢。

也許有些人認爲要求當事者如出一轍地模仿範例等於箝制了個人自由和創意，然而這麼做反而能賦予當事者簡單模仿照做的自由，**少點思考**、**多點行動**，因而能享受當下

20 新手上路需要更多細節示範

凱蒂最近開始教女兒愛麗莎綁鞋帶，爲此凱蒂規畫出一段時間，母女倆拿著一隻鞋坐下來就朝明確的目標努力。

一開始她先**示範**綁鞋帶的整個流程兩三次，慢慢地用稍微誇張的動作進行，盡量讓一切簡單易懂，同時也一邊向愛麗莎說明，深信女兒應該能順利上手。愛麗莎嘗試時卻完全不記得該從何著手，甚至連鞋帶該用哪一隻手握都無法確定。凱蒂馬上察覺自己示範過多，於是便**拆解**分段，先示範如何拉住鞋帶並讓女兒試試，然後示範如何將鞋帶繞出第一個圈及用哪一隻手握緊，愛麗莎接著嘗試；之後繞一大圈的動作，凱蒂示範了一次又一次，因爲這部分最爲複雜，她甚至還分成小段示範到女兒也能一一完成；此外，每個示範動作也都特別**命名**，以方便愛麗莎在嘗試動作時加強印象。

以上步驟完成之後，母女倆才進入下一階段，之後也才將各環節連成一體。凱蒂會在愛麗莎忘記時再次**示範**，愛麗莎成功時凱蒂則放手，她接著自己綁鞋帶時，凱蒂只在一旁以各項名稱**提醒**動作，而愛麗莎最後也成功學會，無需指點也能綁好鞋帶。

凱蒂一開始犯的錯，在專業領域上層出不窮，不同的是，凱蒂的女兒會主動承認不懂，職場員工卻通常會想盡辦法掩蓋自己一頭霧水的事實。無論傳授的是簡報技巧或如何運用多種程式分析資料，示範過程總是快速帶過，以免貶低了新進人員智商。我們往往忽略了學習當事者的觀點，也忘記對新手而言這可能有多錯綜複雜，而積極的新進員工為了證明自己的才幹也總是微笑著表示：「沒問題，一切都懂。什麼時候交給您呢？」轉身離開後，卻一身冷汗地焦急想著該從何著手。

第二章闡述了逐項教導技能的重要，說明了應該將技能拆解成可駕馭的項目，讓當事者能一次專注於一個單項。但是這並非重點，重點在於**不能太早就試著學習和練習過度複雜的技能**。女兒雖然能完成所有綁鞋帶的細項技能，但是示範細節卻讓女兒能遵循清楚刻意的逐項示範，有助於建立各單項技能和順序上連結。

示範技能（或技巧）的細節雖然會讓示範者多花些時間，但是在練習的正確與否和成效表現上卻是聰明的投資，也讓新手在學習新技能上效率更高。練習新技能時若是面臨難關，就應該盡可能詳盡地對細節進行示範，等到穩定熟習後，再增加項目。

我們替學員示範細節常是透過「學人精」活動。這種精細模仿活動也可以運用在團體活動上，例如授課、開會或簡報等。專家示範某個項目後換新手嘗試，一來一往地到新手成功爲止，專家可以每次都抓緊不同要領提醒新手如何調整練習，然後繼續輪流。這種講求當下的示範會使得練習更有成效，原因不僅在於細節示範，還因爲能緊接著在各項示範後就加強練習。

21 若完美示範太有壓力，不妨示範中間歷程

你可以將理想的表現，一絲不差地示範給當事者看、展現得無懈可擊，不過光是如此未必能練習有成。有的技巧若是要示範得當，讓練習有所成效，新手不僅需要純熟的示範，還必須清楚眼前的專家是如何點連成線才能有這番驚人表現。

假設你是一名優秀的足球教練，要向某位年輕的新進教練示範成功關鍵，展現自己的訓練方式。他看著你繪圖、做筆記、和下場的球員在一旁交談，看見你三不五時地呼喚某些球員，或是向防守球員簡短喊話，也注意到你其實並不忙著行動。而這正是關鍵之一，因爲你在賽前已經盡可能地替球隊指導準備，所以現在必須稍退一步。這些對新進教練而言固然重要，他卻無法單靠這幾點就學會球賽期間的指導作法。上述示範未能清楚顯示如何從教練的角度訓練團隊，並未說明如何光憑兩三句話就能讓球隊執行複雜的動作。新進教練若是單靠球賽期間所見，恐怕對於指導球隊毫無助益，因爲他並未觀

察到成功的教練背後多的是努力付出和精心規畫。

非凡學校之所以成功的原因之一，在於發展出了強而有力的**體制**和**日常規律**，第一步，幾乎都是投注數小時從王牌教師的影片中，篩選出特定技巧的最佳範例。我們搜羅到的許多珍貴影片中，有一位名爲珊黛‧諾愛的教師，她創辦了北星小學的附設幼稚園。影片中的她在門口和三十位幼稚園學生一一握手打招呼，鏡頭拉到教室後可見這三十位四、五歲的孩子都雙手交疊、端正地坐在桌前，諾愛老師走向臺前時，孩子們也整齊劃一地歡呼動作，才不出幾秒鐘的時間就都井然有序地起身排隊到地毯區，立即開始了當天的課程。這段影片讓人看了目不轉睛，孩子們開心的笑著、教室整齊安靜，而且一秒也沒浪費——這就是日常規律的力量。

我們也思考到，若是讓新手教師透過這段影片學習體制和日常規律，其實也有其風險。

只要和幼稚園年齡的兒童長時間相處過，必定會驚訝於諾愛老師如何施展魔力教導孩子體制和日常規律。影片雖然呈現了理想的目標成果，但是卻未示範同等重要的「中間歷程」。我們的校群中有不少優秀傑出的教師，我們雖然有榮幸從影片上一睹他們的專業風采，不過沒料到有時候新手教師觀看了影片。反而因爲敬畏三分而漸漸妄自菲薄，認爲成爲王牌教師是自己難以達成的奇蹟。儘管範例的呈現方式有助於降低這種心理現象，但是在盡可能的情況下，**範例都應該要讓當事者感到自己也能身體力行**，或是對於如何著手提供指點。

對此的解決之道便是：**透過範例，說明如何運用過程中的關鍵步驟**，逐漸邁向成功，也就是**對過程及成果皆加以示範**。

就上述體制和日常規律的例子而言，我們後來決定錄下的影片應該也涵蓋了教師如何在第一天和學生接觸時教導體制，以及一個月後體制漸成日常卻尚待加強的狀態。另一個作法是運用不盡完美的範例，事後就此討論如何改進並實際進行，如此當事者較不會一開始便有必須完美演出的壓力，但是卻依然能從範例中學習，而範例的錯誤也可以視情況刻意調整。多數人的學習歷程是開始練習時多少有失誤，但是對於回饋指教的接受與否，以及之後如何加以應用，卻會決定練習成敗。

現在請各位思考一下自己所處的專業領域。

若是業務高手，想必投注了大量的時間與精力在和客戶、潛在客戶建立關係，甚至還包含了非客戶族群的人。如果只爲新進人員示範如何和既有客戶開會，新手恐怕無法了解在水到渠成之前你曾付出的心血，可能只會看到你和某位客戶有默契地說笑或一派輕鬆地交談，因爲彼此已經熟識到無需拘泥於客套來往。但是新手若是沒有先走過中間歷程便想直接將這套應用在建立客戶關係上，恐怕會因爲看似缺乏專業而冒犯到客戶，造成反效果。

技能一旦練到爐火純青，在別人眼中便似鴨子划水般輕鬆。雖然你也曾爲今日的成果長時間付出努力，但是還無法依樣化葫蘆的新手看了，總不免焦慮緊張或自我懷疑。示範時應該要避免上述狀況，同時**仔細考量自己達到頂尖表現前所走過的路，一併呈現努力歷程**。

22 記錄關鍵影像，反覆推敲

練習時的現場示範讓教練有機會調整修正，可能是加入說明、選擇一同示範的夥伴，或是將示範呈現的讓人信以爲眞。但是這麼做當然也有其缺點，因爲就算事前再精準地演練過，示範當下還是可能因爲某些差錯而走了樣。空氣濕度可能影響樂器，雨水可能使得球特別滑手，一同示範的夥伴則可能丟出意想不到的彎曲球……掌控傳達內容的最佳作法，便是**運用影片示範頂尖高手的表現**。

運用影像能夠完全依照需求事先挑選剪輯，刪除可能會使得精采示範模糊失焦的部分，因而能強調示範的重點。**影像能夠多次觀賞，以此學習便可以分段拆解、放慢速度或重複重點**，能夠就不同階段研究範例的不同環節，例如言語內容、表達方式、肢體語言等。若是請同行示範技能（或技巧）供現場觀摩，你只能祈禱一切如願進行，但是觀賞影片便能放心範例會按照計畫呈現，事後請當事者回饋報告時也不用擔心對方沒領略到重點，只要重播影片便能修正當事者或自己的觀察。

運用觀摩影片替練習開場的可能性很多，我們先替王牌教師的教學攝影，然後就格外出色的技巧以三十秒爲單位剪輯成短片，如此累積出數以百千個小時的珍貴範例。爲此有時候必須從一堂課剪接出好幾個時刻，有時候也可能絲毫不刪減，我們深知影片的價值，所以爲此投入了大量的時間。

使用影片示範的成果便是：團隊中頂尖教師使用的高手技巧，在美國三個州快速廣傳。我們因此也網羅到更多優質範例，因爲教師們從第一輪示範影片中學習之後，便加以變化精進。另外一項成果在於：分享範例變得更爲簡單，我們不再需要跑到波士頓或羅徹斯特的某個教室，影音分享的網站上就多了影片可以觀賞，讓我們幾乎輕鬆就能運用優質範例將技巧與更多教師分享。

其實**影片未必要經過高超剪輯才能有所助益，沒時間在品質上精心雕琢的人也能以量取勝**。可以事先準備好相機等待王牌範例出現，也可以運用電腦拍下後轉身和其他同事分享、在員工會議上播放（「你們看丹妮絲這週的表現——這就是客戶會議的理想範例！」）或是運用電子郵件傳達（「請注意這支影片的前二十秒，丹妮絲運用的就是我們上週學到的技能，請各位在本週五前將對影片的分析寄給我。丹妮絲，表現很棒！」）

只要開始多多善用範例爲他人形塑學習之路，便能啓動更多關於頂尖表現的深入對話。若是願意不嫌麻煩地將珍貴時刻捕捉成影片，等於就在形塑教育你的組織、全體員工、未來尚待訓練的新進人員。

「有效的示範」若能成爲練習的必要環節，便能讓練習事半功倍。我們認識的教師就經常針對重點技巧觀摩影片範例，技巧因此突飛猛進。像詹姆斯這樣的烘焙新手就必須時時透過範例掌握技巧，是否按照範例進行練習往往註定了成敗（不是烤出石頭就是麵包）。第四章將介紹另一項對詹姆斯助益更多的練習要素：回饋意見；爲此詹姆斯得關掉烹飪節目、改上烘焙課，課堂中，老師可以在示範後請詹姆斯學以致用，並從旁觀察與提供回饋，必要時還可以要求他再試一次。詹姆斯不僅可以從烘焙課得到食譜和範例，還能立即將範例應用於練習上，而且還能得到指正回饋。這樣多面向的示範方式便能造就快速成效，讓學習者得到繼續練習的動力，鼓勵他善用範例和回饋等多種工具繼續精進。

CHAPTER

4

擴大練習效果：回饋意見

練習要有所成效的一大關鍵就在於「回饋意見」。

以二次世界大戰時期的英國國防爲例，當時的英國政府迅速行動，設法仰賴一群「辨識專員」來協助判別德國軍機的空擊，這些辨識專員靠的並非仰空觀察，而是在飛機靠近時仔細聆聽，運用對於引擎聲音的了解，判別遠處轟隆作響的是即將歸國的英國皇家空軍，還是裝滿火藥準備轟炸倫敦的敵軍飛機。可靠的辨識專員少之又少，由於人才短缺所以不久英國政府便開始訓練專人，但是初期的訓練卻宣告失敗，因爲不少人根本連如何判別聲音都有困難了，遑論清楚具體地敘述報告。

然而，誠如《躲在我腦中的陌生人》的作者伊葛門所述，後來出現了奇蹟般的解決之道。辨識新手會站在經驗豐富的老手身旁，於大霧瀰漫的空地上聽著飛機聲，以此猜測是英國或德國軍機，辨識老手會立刻以「是或否」回應，毫無討論或解釋，因爲他們自己也難以解釋其中不同，因此只能以是或否就新手判斷的對錯提供回饋。

雖然老手和新手都無法針對聽到的聲音加以解釋，但是這些受訓新手的準確度卻在短時間內大幅進步。這就是回饋意見的神奇，只要運用得當，對於行爲便可能產生超出預期或邏輯難以解釋的影響作用。不過此處的**關鍵在於運用得當**。

如果人在一生中必須學習的技能都清楚易懂，只需要學會像是非題作答般選擇對錯，那麼善用回饋便十分單純。然而在較爲複雜的狀況下，運用回饋卻不容易，有損其成效的因素可說是一大串。例如：回饋意見可能因爲過於模糊而難以執行，但是就算具體清楚，接受的一方也可能有所誤解。我們也許對於要提供的回饋意見一清二楚，可是執行上卻無法透徹，因爲多數人對於正面批評似乎還沒有既定的作法，有些回饋意見可能讓對方喘不過氣，有時候也許只著重於短處而未能就長項也有所回饋；而就算回饋意見都恰到好處，接受的一方也可能不知如何以此爲標準繼續努力，這些都是本章探討的重點。

不過一開始我們先以樂觀的角度看看，若是回饋的提供和接收都執行得宜，究竟能產生多少大好良機。提升回饋意見的品質實際可行，若是執行有成便能讓就此身體力行的人和組織在競爭優勢上大爲領先；實行得當也能讓練習在一夕之間大幅躍進，而凱蒂剛成立小學時就是秉持著這種思維。

當時她手上的預算僅足夠在音樂教師或視覺藝術教師上二選一聘任，所以這兩項課程必須有所取捨。一開始，凱蒂比較偏向視覺藝術，因爲許多面向上都較爲單純，學生也能在走廊上看見自己色彩繽紛的美術作品，但是最後她卻選擇了音樂。正是因爲回饋流程是音樂教育自有的環節，她相信稱職的音樂教師能夠讓學生養成落實回饋意見的好習慣，如此長久而言，這將會是她能夠傳授給學生的珍貴技能。

23 有效利用回饋，及時改進

人們時刻都會接收到回饋意見，小聯盟球隊中的孩子們會得到回饋意見，你的直屬下屬也會得到。換句話說，他們多少都在練習如何「接受」回饋意見，可能學著點頭的同時多了眼神接觸，或是讓自身語氣聽起來少些防備辯護，甚至練習做筆記。接收的一方可能會表示自己對於回饋意見認眞看重，但這並不意味就會採納執行，善用回饋的能力也未必會隨著時間增強；不僅如此，還可能產生反效果，有時候人面對回饋意見甚至會練習如何「光收不練。」

我們三人都使用過這種作法，開會時假裝忙著寫下其他同事的回饋意見，這麼做好似自己很看重回饋，然後最後再加上一聲謝謝並誠摯地點個頭，但是自己卻心知肚明，一旦踏出了會議室就會全拋諸腦後；也有可能雖然有心採用，卻因爲馬上又被待辦事項纏得團團轉而忘得一乾二淨；又或是回饋意見執行上困難棘手，努力的同時若沒人在一旁鞭策，我們就會自我安慰地想著其實已經進步不少或認爲這些意見根本不管用。就這樣，人又回到自己的舒適圈。

以上的運作現象其實處處可見，練習運用回饋的人少之又少，更別求善用了。時間一久，人的確越來越懂得如何忽略意見或繞路而行，因爲我們往往就在練習表達：「嗯，這麼做有困難」「謝謝，我以前嘗試過了」「謝謝你分享好方法」（然後毫無行動）。

善用回饋和練習息息相關，**要有所進步就必須大量且有效地練習，同時學會如何採納他人意見並「融入自我風格」**，例如：是要同時著重於兩、三個項目，或是先從較困難的部分開始著手。

學會善用回饋、變得「受教」，卻是一種影響深遠的技能。

人若是運用回饋並有所進步，看見自己在原本沒把握能習得的項目上進展向前，便會對於練習和採用回饋深信不疑。這種正面循環的進展因素還有另一項，《記憶人人hold得住》的作者喬許．佛爾在書中提到，人常常會走到「OK高原」的階段，也就是儘管依然經常進行某事卻不再進步。書中寫道：「想要在技能上有所精進，就必須在練習時運用意識掌控」「強迫自己關掉自動模式」。刻意執行回饋意見就因爲有助於人加強練習時的意識，所以能產生更長足的進步。

研究顯示，學校面臨的一大挑戰在於：教師不太喜歡專業訓練，而且認爲助益有限，這種觀感恐怕不僅限於教育界。這種因果是雙向的——訓練幫助不大是因爲當事者缺乏信任，但是人之所以缺乏信任也是因爲幫助不大。改變這種循環其實沒有想像中難，一位名爲保羅．班布列克．聖陶友的同事就表示，學校若是煩惱該如何讓教師信服以求順利進行訓練，其實都倒果爲因了；如果訓練有成效，並讓當事者感到自我進步，自然會因此信服而用心參與。

若希望鼓勵當事者除了「接收」回饋意見還能善加運用，關鍵之一便是建立起心照不宣的責任文化，以期許和誘因作爲動力，激發當事者採用回饋。若是你之前才提供了某位員工回饋意見，就不要問他想法如何或是否有幫助，直接問是否奏效、何時嘗試了，又或試了幾次，也可以設法讓他公開表示將運用回饋意見。

我們幾年前就在工作坊面臨過類似的挑戰，通常學員會在角色扮演時必須模擬教學，對象則是圍坐桌前的小組同儕。我們會從每個小組中指定一名「教師」，其他組員則扮演「學生」。這名「教師」會以剛學會的幾種技巧進行短暫教學，爲了增加成功機率，一開始先進行兩、三分鐘。這兩、三分鐘結束時，其他組員則會針對教師表現提供回饋。

我們從這一系列活動發現了兩件出乎意料的事：第一，頭一輪的示範往往無法展現出技巧的熟習，這點理所當然，畢竟學員怎麼可能才練習過一輪就熟習複雜技能呢？我們因此察覺到投資時間重複練習的重要，讓當事者透過練習去摸索掙扎、得到回饋，然後再試一次。就此有所調整之後，卻又浮現了第二個問題，即許多當事者絲毫不知同組成員的回饋意見極有助益，還一派不知不覺的安然。這些人在摸索和備受挑戰時得到了同儕的意見，往往都是簡單可行卻助益良多的建議，但是這些「教師」卻只微笑點頭就止住，寶貴的眞知灼見往往就如此隨風而去。

我們漸漸察覺，有必要指派成員擔任第二個角色，也就是「教練」這個新角色。教練的職責在於觀察出一個強項和一個特項，前者指的是教師表現出色到值得多進行的某件事，後者則是有待加強的部分或教師應該嘗試的其他作法。我們的調整方式是在角色扮演進行了兩分鐘時暫停活動，請教練提供回饋，其他人若有需要澄清的疑問也只能簡短提出，確定理解無誤後便重新進行角色扮演，教師從頭開始的同時，也應該立刻盡量運用剛剛得到的回饋。

如此安排的好處之一在於：透過無形的責任讓教師難以忽略回饋意見。

在這樣六到八個人都親耳聽見的公開場合，教師被清楚要求在短短一分鐘後就試著運用回饋，若完全都不嘗試幾乎可說是自找難堪。第二項好處是教練發言之後，角色扮演又從頭開始，等於是同樣情境完全重播，既然並非直接繼續也就沒有可改可不改的模糊地帶，如此可確保回饋意見必定有所應用。第三項優點則是教練可以立即了解自己提出的回饋是否有幫助，這點之所以重要是因爲受訓學員的專業都在指導或教學，所以提供的回饋意見必須有所成效。

經過以上調整，大家都萬分驚奇於這般小的改變竟然有如此事半功倍的亮眼成效。例如：某位教練可能表示提問時要面帶笑容或發言時將雙手置於背後。無論當事者同意與否還是姑且一試，結果往往正和原本預期的相反——十分奏效。教師的角色對其立竿見影的效果更是立即體會，雖然嘗試時心中有些懷疑或認爲瑣碎到不值得嘗試，但是自己卻的確因此成功，所以也開始深信回饋意見的角色。

這樣稍微強迫的作法讓他們了解到，再微小的改變也可能成就極大的不同。儘管這些學員來自對練習多半懷疑的教育界，卻因此開始相信練習的力量。

從此之後，幾乎每場角色扮演的活動都會多出這個橋段，最後竟然也成爲了目標之一，即在每個工作坊都盡早練習如何**提供即時回饋**，借此建立起學員**善用回饋的文化**，讓他們透過改變親身體驗成功。引導學員發展出自我掌控的內在中心，讓他們相信自己的行動的確能影響學生行爲，以教師的心理層面而言可說是一大突破。學員們練習如何有效運用回饋意見，而且往往還沒能就此理性分析，便親身感受了有所不同的成效，如此使得他們深信自己在專業上能有所形塑；更重要的是，同樣的作法應用在其他領域的任何角色，也都能發揮相同成效。

重新調整訓練，不僅讓教師有機會練習如何運用回饋，同套作法也可應用於其他領域，其中一項幾乎格外適用於任何組織：經理人可以爲特別重要或具挑戰性的會談事先準備。我們認爲這種練習的應用在業界應該能有強大的效益，但是目前探討執行的人卻極少，原因不外乎公司組織認爲不適用於自家。就此，希思兄弟也曾在所著的精采好書《改變，好容易》中提到：「商業人士的思維可分爲兩階段：『計畫』與『執行』，中間沒有所謂的『學習階段』或『練習階段』。從商業角度來看，練習看起來就像執行不佳。」

在此假設名爲大衛的主管要和員工蘇珊進行重要談話。蘇珊資質好又聰明，很多重要業務都有能力辦好，但是做事卻不夠細心，面對主管的回饋意見也只是當成「參考意見」聽聽（這一點各位也許要考慮，主管對於員工的辦事方式應該是要求或吩咐，而非「引導」），此種狀況不僅產生錯誤並導致表現低落，也讓蘇珊和大衛之間的關係緊繃到近要破裂。

大衛因爲對蘇珊深感懊惱而傾向不要再續合約，因此計畫與蘇珊透過再一次開會溝通，說明他的苦惱和問題癥結所在，同時也默默想著這是最後一次機會。爲了替這次談話充分準備，大衛先和主管蘿拉開會，並在會中練習角色扮演，其中的回饋意見也會時時刻刻成爲調整工具。以下，假設大衛一開始便大概說明了會談重點。

蘿拉可能會說：「第二點和第三點都很好，不過第一點有些太過間接。現在從引言重新開始，假裝我就是蘇珊，盡量一開始就清楚說明，這樣對她也較好。」假設就此大衛迅速地練習一次，但是這回卻過於直接。

蘿拉可能會打斷大衛：「不然這樣試試看：『我今天要告訴你應該如何在某些面向上產生實質的改善，不然這恐怕是要請你離開組織前的最後一次開會。很抱歉必須這麼說，我自己也很難過，因爲我眞心相信你可以貢獻良多。很無奈現在就是走到這一步了。』」大衛接著又從頭開始練習，這次得盡量照著蘿拉的建議執行，而不能只光說「眞是好建議，謝謝」就繼續闡述自己對於會談的計畫，而是要重新開始並強迫自己練習善用回饋。

大衛第二次練習引言時，其實不是很自在，覺得自己的語氣聽起來甜到有點噁心，完全不像自己似乎顯得不太誠實，所以他打住後看了看蘿拉說：「我再試一次吧。這樣聽起來好假，應該要符合我個人風格才是。」於是大衛又從頭開始。值得一提的是，這時候的大衛已經**將運用回饋的流程內化**了，最近一次的打斷中止和回饋意見都出於他的**自我糾正**。大衛等於透過練習建立起習慣，暫停之後**立刻落實回饋**。

就此有所成長的不僅是大衛，蘿拉也從中受益。在他人面前迅速實際地運用回饋有一大好處，可以說是替回饋意見「負責」，因爲經理人和教練都能親眼目睹回饋意見的執行成效，在相同的情境和場景進行也讓前後差異清楚無疑。教練也可以此作爲參考資料，歸納出哪些回饋意見能有效應用於哪些人身上，以及何種回饋意見成效最佳。這點之所以重要是因爲經理人和教練常會盲目回饋，也就是儘管盡可能提出了理想的建議，然而對於是否有幫助或可能奏效卻一無所知。

練習運用回饋意見還有最後一項益處：**執行得當有助於凝聚團隊精神**，例如大衛和蘇珊的會談儼然成了他和蘿拉的合作案。蘿拉身爲大衛的主管，也開始格外關注這場會談的成敗，自己的意見既然受到大衛採用，等於對於會談結果也有部分責任。長期如此執行對於組織文化有正面影響，因爲共同練習不僅化參與者爲團隊，還是最親密的夥伴，而團隊成員若是對於回饋意見都能接納採用，則代表彼此的信任和尊重，這正是凝聚團隊向心力的兩大要素。

我們發現這套作法在學校成效特別亮眼，由於許多教師常常覺得和同事有些疏離，所以一同成長、相互提供回饋意見能追求精進成為團體活動，如此在建立互信之餘還能挖掘出深藏於人才中的知識和技能。

24 行動、練習，實作後再檢討

上述的例子中，大衛和蘿拉開會時還做了一件和直覺背道而馳的事，即先運用了蘿拉提出的回饋意見才進行審思和討論。大衛在平日開會時可能會就蘿拉的回饋先有所反應而表示：「我怕蘇珊可能會很激動，恐怕不能那麼直接。」不過這次大衛卻二話不說地重新開始，並試用了蘿拉的回饋意見，因此之後的討論就和他對於回饋意見的看法沒有關係，而是以實際嘗試後的應用效果為主題，這也正是此項法則重點：**先運用回饋再就此檢討**。提供回饋意見常常會引起討論，討論又往往會使人裹足不前，所以最有效率的作法便是告訴當事者：「也許你是對的，不過**先試試看再說**。」

人在接收回饋的第一反應多是審思和討論。例如：今天你和同事瑪塔一同練習如何在接下來幾週針對下屬進行評鑑。你在角色扮演中練習如何給下屬卡洛評鑑，一開始先點出兩三項卡洛的強項，然後談到兩項她必須加強的重點。瑪塔在你結束之後表示：

「嗯，我覺得你對她的稱讚有點敷衍，好像是為了談不滿的部分才隨口說幾句好話。要不要試試多加入一些你記得的具體細節，例如她對於團隊曾經有哪些貢獻？這樣聽起來比較真誠。」

正常狀況下，瑪塔的這段評語可能會讓你開始思考，也許你會審思自己和卡洛的關係然後說：「謝謝，不過我其實常稱讚她，雖然也的確很謝謝她所做的一切，不過有時候不會就細節說明。」你也可能會從較廣的管理面向進行思考：「我也常為此感到為難。雖然知道應該要先談優點再說短處，但是其實我真的很想一針見血地講重點，老是先說兩個優點再說兩個缺點聽起來好制式。」

這些談話也許有趣而且有幫助，但是助益絕對不及繼續練習的成效。我們進行練習活動時也發現了這個現象，如果學員不僅是成人，還是像教師這樣的一群專業人士，更會有意無意地運用審思和深入對話來接招，**思考和討論固然都有其價值，但是對許多人來說其實卻是逃避練習的輕鬆作法**。

然而重要的是先在重新練習中融入瑪塔的意見，再檢討是否有成效，如此練習才能發揮助益。切記，**回饋意見往往不是和當事者的直覺相衝突就是出乎預期**，畢竟如果和當事者直覺相符，也許自己早就在第一時間想到了。既然著重的是成果，還沒嘗試運用回饋就先評判往往言之過早。

第一個例子中，蘿拉給大衛的建議是一開始就點出重點，究竟是對是錯唯有大衛親身嘗試才可能得知。大衛嘗試之後，可能他們兩人都會認爲「哇！這樣口氣太衝了！」但是至少雙方都能從練習中學習，重點是嘗試後再檢討。

簡言之，練習的順序大致上應該如下：

❶進行練習

❷回饋意見

❸重新進行（採用回饋意見重新練習）

❹盡可能多進行幾次

❺審思檢討

不過，通常一般人的自然反應如下：

❶練習

❷回饋意見

❸審思和討論

❹可能重新進行

在此特別說明，我們並非主張提供回饋後不能進行任何討論，在某些情況下討論可能比繼續練習還重要，如此自然應該進行；只是應該**要格外留意，討論常常會變相成為補救策略，就算沒有變質，恐怕成效也不及練習**。再次練習之後，還有許多時間能進行檢討，但是大家都處在練習當下的狀態卻極其寶貴。

我們進行工作坊時，常於練習期間在教室四處走動，教室內約有二十個小組，每組成員約四到八人，因此人人都大有機會以不同的節奏練習。我們上下巡視期間常會發現有些小組沉浸在深思討論中，而且還有意請我們加入：「我們正談到如果……」這些討論可能極具價值，但是時候未到。碰到這種討論情形的最佳參與方式就是提問：「現在該誰練習？」這麼做是為了表示「檢討應該晚一點才進行」，而且若是透過多幾回練習嘗試運用回饋意見，檢討時的資訊將因此更完整。

「討論、分析」常常一不小心就造成光說不練。所以，好好練習、接收回饋意見並加以運用吧，然後再檢討如此嘗試是否管用，否則還沒嘗試以前都只是空談臆測。

最近的一場工作坊中甚至有學員將檢討和練習的優先順序展現得淋漓盡致。當時我們才教授完某項教學技巧，學員也迅速地採納同儕意見重新練習了幾回。後來大家回到座位時，每一個以學校爲單位的小組都有五分鐘的時間討論從中所得，同時間一個小組默默起身到教室後方繼續練習，因爲他們在檢討時決定最大的收穫在於練習的力量，而且既然熟悉練習流程，乾脆決定繼續進行。根據可靠消息，他們甚至在搭機返家時還利用機場貴賓室持續練習呢！

25 回饋的「速度」決定練習的品質

《記憶人人 hold 得住》的作者佛爾在書中談討了一項特別的醫界現象。一般人大概都認為醫師執業久了自然會因為天天練習而醫術進步，但是多項實例證明並非如此。以乳房攝影為例，經驗越豐富準確率反而越低，原因何在？佛爾指出問題在於乳房攝影判讀和診斷之後的回饋時間過長，醫師往往隔了好幾週或甚至幾個月才打電話追蹤判斷正確與否，等到那時候其實自己也忘記當初的判讀根據，可能也不再那麼急著了解診斷對錯的原因。

這些醫師當然還是非常關心病患狀況，但是時間一久，某病患當時那身為年輕母親的清澈雙眸對於醫師而言自然少了些急迫感。但是回饋流程的「速度」其實是關鍵要素，也可能是決定勝敗的主因。還記得之前提過英國的軍機辨識專員嗎？其訓練的關鍵之一就是回饋流程僅有短短幾秒鐘，行動和回應之間的聯結直接又強大到甚至可以克服判斷緣由無人能理解的「黑箱」（black box）現象。

在改變行爲上，**反應回饋的速度勝過其強度**，這點清楚無疑而且屢試不爽（就此補充一點：另一項關鍵要素是反應的一致性和可預期性，不過這點應該和速度分開看，因爲迅速又一致的確有可能，但是也可能快速但前後不一，或是稍慢卻一致），目標若是在改變行爲，而且希望透過練習有計畫地刻意進行改變，就必須縮短回饋流程，在當事者表現正確或出錯時便立即提供回饋，這樣進步效率遠高於事後才提出詳盡的回饋意見。就算稍晚提出的建議更加有力、數量或語氣都更強，哪怕稍晚提出的回饋較理想，成效恐怕也無法相提並論。掌握速度才是產生改變的王道。

伍登對於糾正的擇善固執可說是衆所皆知。曾經接受他訓練的球員就曾提過：「他深信**糾正後若不立即行動等於白費工夫**。」時間一點一滴流逝的同時，球員的身心都會漸漸遺忘當下的情境，錯誤練習一旦開始就等於緊閉門戶，糾正等於無效。

無論是設計訓練或規畫練習，都**應該盡可能縮短回饋流程，讓回饋進行得快而頻繁**，要達成這個目標的最佳作法便是**將回饋化爲練習的既定環節**。將回饋融入練習不代表必須要針對每位當事者提出回饋，練習也未必要因此而暫停，甚至不一定是糾正。也可以就人員安排上請一位教練在球員擊球錯誤時將其帶到一旁，私下輕聲要求球員練習兩三回再回到場上，如果有球員動作漂亮則可以請全隊一起效仿。當事者在練習時，提供的回饋意見應該是精準明確且正面讚揚。當事者得到回饋後應該不要回到隊伍後方等著輪流，而是回到前方立刻學以致用。

我們的一名同事羅伯之前報名了摩托車課程。騎車時如果出差錯，即使只是練習時的失誤，都有可能造成車禍。羅伯表示，正因如此，這項課程的回饋十分迅速。

課程有兩名教練，其中一名進行示範和說明之後就讓學員繞著障礙物短暫試騎，另一名教練則站在一旁，學員試騎結束時立即提供回饋。但是教練的回饋意見應該要更詳盡或以書面呈現，羅伯才好事後重新複習（現今大多的組織單位都認爲將回饋意見書面化後於一週左右傳遞，便能顯現對於回饋意見的正視，但是我們對這種作法有所質疑），羅伯的教練反而在立刻提供回饋後就請他直接進行第二、第三、第四回合練習。摩托車騎士深知技巧錯誤卻放任不管可能造成的危險，這點恐怕許多汽車駕駛從沒想過，因此教練甚至在羅伯連安全帽都還沒脫下就在一旁等著提供回饋。回饋流程的速度能改變行爲，加上一致的運作，成效則更佳。

凱蒂在學校帶領教師練習時也有所體驗。她帶領教師練習的「強迫發言」技巧指的是，無論學生是否舉手，教師都點名請他發言。這個技巧讓學生在課堂上精神「爲之一振」的效果驚人，但是對此陌生的教師反而可能感到卻步。凱蒂先就技巧說明之後，便請一名教師上臺練習，其他教師則扮演學生；這名教師因爲緊張而犯下了一個容易糾正的小錯誤（應該要先點名再提問，而非先提問才點名），原本計畫請他練習兩分鐘後再由凱蒂和其他同事提供回饋，但是由於他一副不知所措的樣子，凱蒂便決定縮短回饋流程。

凱蒂在要求暫停練習時盡量保持平和自然的態度，好將問題歸爲常犯錯誤，並表示會感到困難完全正常，甚至符合練習規畫的預期。她也表示這名教師其實幾乎運用正確，只不過有一個非常小的地方要從頭練習改正，也就是應該要先提問、停頓才點名學生回答，凱蒂說道：「現在請用一分鐘的時間在腦中反覆練習幾次，準備好重新再試一次就向我點個頭。表現一定會很棒的。」

值得一提的是，凱蒂在介入時縮短了回饋流程兩次，先是在看到教師手忙腳亂時，便止住練習以立即提供回饋，然後請教師運用回饋從頭練習一次，不過在此之前她還要求教師先在心中默默練習。從教師表現出錯到凱蒂提供回饋只有短短幾秒鐘，而**在他將回饋應用於新一回合練習前，也只過了數秒鐘時間而已**。

儘管教師感到緊張而且可能對於凱蒂的回饋有所懷疑，他還是依照指示進行。希思兄弟在《改變，好容易》一書中就曾指出，人常常認爲解決方法的規模和問題的大小應該成正比，但是事實證明了**微小的改變往往能扭轉（也許只是看似）巨大的危機**。凱蒂的作法就是個實例，看似麻煩的問題其實能透過小而巧的方式解決，雖然當事者一開始可能未必感到信服，但是凱蒂迅速地請教師儘快嘗試，也沒有時間讓他走到輪流的隊伍後方，慢慢等著再次上臺，因爲人常在等待時任憑個人情緒發酵，錯誤也伺機走進記憶中。凱蒂等於在可能的錯誤成爲記憶前就斬草除根，以正確的作法取而代之（凱蒂迅速介入糾正使得問題無法擴大）。

這名教師第二回練習中的有所不同，讓自己和同事都爲之驚喜。技巧練習進行了一分鐘，成果不僅讓他滿意又開心，也得到同事的認同和擊掌歡呼。這次經驗不只成就了他個人專業上的突破，他也因此開始相信練習的力量。

不過在某些情形下則最好先不要堅決介入，應該要讓當事者再掙扎摸索一陣子，這點尤其適用於學習程度有些水準的當事者（上述例子中，凱蒂是第一次傳授強迫發言的技巧，參與的教師對此也多感到陌生），通常練習重點也在爲實際應用做準備，目標之一當然是鼓勵當事者在需要調整作法時能自行評判並修正。在這種講究親身經驗的情況下，就未必應該徹底執行這項法則。

這項法則的重點在於，如果想要運用回饋加強某些項目，例如：當事者應該在某方面應該有所增減，迅速回應是達成此目標的最佳捷徑。但是如果練習的目標不在加強或減少，也許是在練習如何視情況調整因應，最好就不要過度縮短回饋流程。無論如何，在著手之前都應該思考練習的目的究竟是要就哪些行爲加強或預防，在開口之前先就回饋流程的長短思考周延。如果某次開會時犯下了錯誤，卻在三個月後員工考核時得知，這樣的回饋幫助絕對有限！

26 正向回饋，激發完美練習

回饋意見常被視爲修補的工具，提供回饋就是爲了彌補不足，被視爲是指出錯誤和改善方法的工具。不過正如前面第6篇（加強亮點）所提到，如果在人才發展上能跳脫針對缺點的模式、不再將糾正缺失視爲目標，那麼大好的契機正等著我們。

過去數十年，一群突破傳統的「正向」心理學家嶄露頭角，研究重點不在人的「偏差」而在其「正常的運作」。人懂得如何運用智慧面對挑戰，有時甚至能如英雄般迎向艱鉅困難，一步步克服、忍耐，然後在逆境中活出光彩。正向心理學家的專業就在研究相關案例並從中學習和應用，好讓更多人面對困難也能充滿能量和活力地向前應戰。

找出改善項目並就此投注心力當然重要，在此我們並非要貶低其價値。任何練習要有所成效最終都必須補強改善，而且最好在爲時已晚前行動，不過這種修正模式卻往往讓我們忽略了正向力量在推動改變和精進加強上作用可能更強。作家兼顧問馬庫斯．巴金漢所著的《首先，打破成規》自一九九九年出版後就一直名列商業書籍暢銷排行榜。企業善用強項勝過管理弱項的概念之所以能在國內受到發揚，巴金漢正是功不可沒的重要推手。據他了解，**「每個人進步空間最大之處就在其缺點」**這種想法常有錯誤，**進步最顯著且神速的其實是人的強項，又或是當人將既有技能融入新情境時的表現**；因此，**意見回饋時如果能著重於強項，成效相較於針對弱項必定有過之而無不及。**

當然，這是如果進行得當的理想狀況，此處的重點是「如果」二字，因爲事實上大**多數人都以爲只要讚美就行了，誤將讚美視爲最有效的正向回饋**，例如「剛剛做得眞棒，厲害呦！」雖然不錯，也的確能產生鼓勵激發的作用，但是我們也常常以爲這樣就足夠，想著只要能讓當事者對於進步感到滿意，正向回饋就自然能賦予人動力；諷刺的是，這恐怕是正向回饋最弱的一環。**在回饋意見上加入三項簡單的工具——指稱敘述、應用敘述、仿照敘述，原本只是聽了舒服的鼓勵話語，就會變化爲向前精進的一大利器。**

我們來看看下面這個例子。

假設你正在後院教女兒安妮如何接滾地球，她雖然學習的動力十足，但是滾地球的相關技巧實在多而繁瑣。例如：球還沒有來之前，腳就得先動，才能夠位子剛好而不用費力伸手；下半身放鬆的同時，頭要抬高；視線一定得緊跟著球；手套一開始就得張開，手腕微彎準備接球；一開始時手套先觸地（我們假設這些都是你必須教導女兒的技巧，雖然喬．托瑞這樣的傳奇教練絕對不會認可，不過這些也夠孩子練習了）。

一開始你給安妮的回饋意見多在鼓勵，以一大串正向回饋回應：「剛剛那樣眞棒，安妮！繼續保持！」不過「那樣」到底是哪樣？**告訴安妮「那樣很棒」的效果絕對不及告訴她究竟「哪個項目」表現得好**。

如果稍微調整原本的敘述，加入**指稱敘述**，便有助於安妮了解自己哪方面表現不錯。

「安妮，很棒。你剛剛腳很快就移到球後面了，繼續保持。」

注意到了嗎？這句話十分明確地敘述了安妮可以模仿的動作。如此讚美雙腳動作比僅僅告訴她「很強」好多了，因爲她可能還不太清楚標準動作應爲何、又應該如何再次重現。不過若是安妮很多動作其實都做得正確，你也能從中選擇比較不同的指稱敘述。例如：如果不希望針對她當下的動作，而是將重點放在她練習時的努力，就可以清楚指稱：

「很好，安妮。因爲你努力練習了一整週，所以表現這麼棒！」

這樣安妮就比較不會聚焦於球向她滾來時的雙腳動作，而會將重點放在這幾天來爲此的準備工作上。

上述兩項都是動作正確的原因，你可以針對希望安妮留意的面向決定要強調哪一點。強調努力勤練和其成果自有其重要性，因爲美國文化往往將成就歸功於天賦，有時甚至到荒謬的程度，但其實追根究柢多是由於努力不懈和專注練習的結果。其實許多人並不明白努力、勤奮和成果之間的直接關聯，所以清楚強調努力和成功之間的直接因果關係，便能夠產生深遠的影響。

你我應該都還記得學生時期曾經因爲用功讀書而考出高分，可能「一整個學期都格外努力，難怪能締造個人最佳成績！」這句話等於以邏輯解釋了看似巧合的因果。無論是年輕主管想要帶領團隊創下優異表現，或是高中生想要成爲家族中第一位大學生，又或像安妮努力學習接滾地球的技巧，若能洞徹這個道理就等於擁有了一份珍貴禮物。

這時候的安妮已經知道自己哪些動作正確了，也能夠憑想像理解接著仿照出動作。若是根據完美的劇本，這時她的內心戲大概會是：「這招管用耶！以後我每次都要集中精神，像剛剛一樣迅速地小步移動。乾脆現在就請爸爸再多丟出十個滾地球來加強肌肉記憶。最好將這種正確的感覺烙印到記憶中！」無奈現實中的安妮可能不會想出上述的每句話，甚至可能不知道該如何重複正確動作，也未必了解重複動作對於練習成效（以及學習成功）是關鍵要素。因此你應該要就這個流程提供協助，例如說出下列的「**仿照**

敘述」：

「很好。你的腳的確有移到球後方，現在從左邊同樣做一次。」

「很好。你的腳的確有移到球後方，再多做幾次，好記住那種感覺。」

第一句仿照敘述能鼓勵安妮思考如何將努力的成果應用在新技能上，第二句敘述則能幫助她透過正在學習的技能了解接下來該如何精益求精。兩種作法雖有差異，卻都本著相同的原則。

安妮在後院勤練了幾個小時候，已經像德瑞克·基特一樣能巧妙掌控移動方向，你這個老爸也爲此感到驕傲。理想上，她這時候的思路應該是：「這樣練習，雙腳似乎滿有效果。如果迅速左右移動能讓我針對滾地球有所準備，同樣的技巧應用在高飛球上應該也管用。這樣說來，打網球時應該也可以運用類似的步伐技巧來加強球技。今天眞是收穫滿滿！以後我成爲名人，一定會在不同場合的演講和訪談中提到父母的好。」雖然這的確並不實際，不過你還是能運用「**應用敘述**」引導女兒將上述的重點融會貫通：

「很好，安妮。連續十球都成功了！既然今天表現這麼棒，我們就接著將這套迅速小步的移動技巧進行兩三種應用。」

這正是巴金漢對於善用強項提出的核心概念。如果發現團隊中有成員在某些項目上表現優異，就應該立即思考如何讓這項才能在其他面向也大放異彩。

在此我們先將安妮的突飛猛進暫時擱在一旁，回到大衛的例子探討如何於職場（透過練習）善用強項。

大衛正在和主管蘿拉討論，如何以支持卻又直白的方式處理下屬蘇珊的問題。假設他們已經從頭到尾運用簡短的角色扮演將彼此的意見和策略進行了沙盤推演，而大衛突然間掌握了絕對的平衡，充滿尊重的語氣中不失堅定，對於蘇珊誠摯表達出同理心的同時，卻也能清楚說明自己有責任協助她認清改善的迫切性，就等於是完美出擊。

這正是蘿拉不可錯失的大好良機，應該運用正向回饋中的應用敘述再助大衛一臂之力。她可以說：「對啦！就像剛剛那樣。」「剛剛那個語氣非常理想。不過我們都知道蘇珊很情緒化，可能會硬把你變成壞人，她說不定會回覆：『意思是我所做的一切毫無價值？』如果她這麼做的話，你一定要努力維持這種語氣。我們最好就此再練習幾分鐘，你先提出會談重點中的第一、二項，我接著扮演蘇珊，假裝自我辯護、不停鑽牛角尖，你就採取方才的語氣維持和平中立。」

蘇珊指出了大衛的成功後，不僅請他再次仿照練習，還在應用情境加入了可能有所幫助的新元素。這次會談若是進行順利，她也許可以多加善用，例如：請大衛好好運用他們練習時琢磨出的語氣，也可以請他開會向全體員工分享和蘇珊會談時的有效話術策略。

又或許，大衛和蘇珊之所以會談順利，應該部分歸功於蘿拉，因爲她提醒了大衛將敘述改以問題作爲開頭，即「我提出回饋意見時，你會想辯駁抗拒嗎？」而不是「每次我有些要求時你都一副心不甘情不願的。」蘿拉之後就其他會議或會談事前準備時，也許會想複製成功，因而再次運用正向回饋中的應用敘述向大衛表示：「你當初和蘇珊開會時的提問方式，讓事情得以順利發展，這裡可以同樣這麼做嗎？」如果蘿拉眞的對於練習的力量深信不疑，也可以運用範例（詳見第三章）請大衛再次呈現當時恰到好處的口吻，大衛因此加深記憶的同時，蘿拉也可以運用錄音或錄影的方式留下紀錄，以提供大衛事後複習或作爲示範。

正向回饋多了這些練習敘述等於效果加成，無論是安妮、大衛或任何想要熟習新技能的人，都能借助成功的力量應用在其他情境，等於是借力使力。正向回饋不僅有鼓勵作用，也有助於提升練習的效率和成果。教練、管理人員或教師若是能善用正向回饋，等於掌握了強大的競爭優勢，也等於幫助球員、員工或學生學會如何運用成功要素邁向目標。

27 聚焦最大重點，回饋更有力

在網球場上打出一手好球一直是你的夢想，最近剛好手上多出一小筆錢，所以你就請了一位超級教練前來指導。教練初次見面時就戴著一代球星比約恩．博格的同名品牌的頭巾，身穿和拉斐爾．納達爾一樣的藍色球衣，炯炯有神的雙眸透露出懷舊和創新，他對於網球的歷史如數家珍，關於未來的走向也自有見地，如果你能汲取他的專業知識，就可以成爲夢寐以求的網球達人。

但是第一堂課才進行不到幾分鐘，一切就走了樣。你像個孩子般站在發球線上，聽著教練說道：「我再重複一次，正手拍有九項重點。九項而已。」無論再怎麼努力，經過教練再三提醒，你就是無法全部達到，握拍姿勢準備好（第二項）時他卻唸你沒有側身面對球網（第四項），做到之後又被批評腳的位置不對，而當你開始試著移動雙腳時，教練又提醒所有動作都得完全到位（第七項）。你也很確定聽見他到網邊彎身撿球時甚至小聲地嘀咕：「還眞笨！」

「知道」和「操作」完全是兩碼事。不僅如此，**技能如果未先拆解成可消化的分量，光是「知道」反而會阻礙學習**。這也是這名超級教練的問題，要求人一次聚焦於九個項目簡直是不可能的任務。不過這種教練不但並非特例，就連我們三位包括在內的多數人，往往都習慣一下子提出過多的回饋意見。無論是表演者、員工、團隊成員或孩童，若是必須同時專注於一兩樣以上的項目，便會因爲注意力減低而失焦，如此反而導致表現下滑。**指導的關鍵之一在於：透過自我約束，一次聚焦於較少項的重點**。也許你發現女兒彈奏〈月光奏鳴曲〉時有十五項明顯的錯誤，但是卻只點醒她兩樣最必要的重點，對於其他錯誤暫時忍著不說，這對樂於指導和分享的人而言可是一大挑戰，等於少了展現智慧的機會。儘管如此，最終還是必須要二擇一，身爲上司究竟是要無所不知到令人驚嘆，還是要能高效率地協助下屬加強兩項重點技能？什麼都想傳授最後只會滿是挫敗，若希望能有所進展就必須勇敢上前，向超級教練全盤據實以告。

在個人指導上，教練的挑戰是要按耐住專家心態，換到職場上則代表要重新疏理回饋的結構。職場上的高手該如何騰出時間提供回饋，甚至能讓回饋意見都規畫精心、優先次序分明呢？這個問題特別值得教育界思考，其中最常見的問題就是校長總撥不出時間和教師討論教學。最近一項於邁阿密進行的調查便指出，當地校長平均只花百分之八的時間視察課堂教學。各位可以想像教練只花百分之八的時間觀察團隊打球嗎？

既然回饋意見應該要有計畫地深入剖析，我們也爲此將邏輯分析應用在非凡校群上。所有的教師都會定期得到回饋，平均兩到三週一次，提供回饋的多是校長本人，也可能是特別爲此和其他職責成立的管理團隊。回饋意見多立即在課程結束時提供（以縮短回饋流程），以非正式的形式表達支持，而且對於強項的著重絕不少於對弱項的指正，回饋來源可能是多位同儕和上司。然而如此進行的確不能保證就能掌握重點和限制回饋分量，如果一群能提供指導的教練和專家經常提供回饋意見，教師可能會因爲訊息過多而難以招架。就算這些意見對教師而言都有運用價值，但這就像〈月光奏鳴曲〉、帕海貝爾的〈卡農〉及〈四季〉一樣，同時聆聽三首樂曲只會造成噪音。

正因如此，我們全都使用同事保羅．班布列克制定的工具，**以組織爲單位統整回饋意見**，用意是讓校長、教務單位等在提供回饋時，能夠彼此協調出兩項教師應該加強的首要重點，可能是強項也可能是弱項，同時確認百分之九十的回饋意見都以這兩項爲主軸。這種作法要移植到任何其他組織單位都相對簡單，能夠在團隊內統整出目標要項，使得提供回饋時能夠以此聚焦而不偏離重點。

28 聽取意見是個好習慣

曾和道格．麥克瑞共事過的人都視他爲傳奇。他是「成就優先」校群的領導者，管理的十餘間學校替出身貧困的學生創下亮眼的學業表現。許多和我們合作的校長和管理人員常在提供回饋前引用他的經典話語：「我要送你一份禮物，就是回饋意見。」雖然我們有時候是半幽默地說這句話，卻倒也能讓對方準備接受回饋的同時了解到其中的尊重。

麥格列德．愛其頓是愛其頓顧問公司的老闆，曾經是飲品業某公司的執行長，之前接受《紐約時報》採訪時說過的話也不謀而合：「我就職於百事可樂時的一位上司曾經說過，**如果眞的關心某人就應該提供建設性的回饋，若是毫不在乎就說說好話即可。**」提供回饋的確不容易，如何架構也是門學問，不過**一旦建立了回饋的文化，就能讓接受的一方感覺像收到禮物。**

要實現這一點就必須像上述的禮物比喻，**以特定言語為架構，讓提供和接收回饋的兩方都能有所共識，對此感到放心、自在又容易**。諷刺的是，某一種成效極佳的方式正因為十分簡單，反而可能受到忽略：開頭方式，艾麗卡在某場工作坊就曾嘗試過。

那一場工作坊的各小組教師學員來自超過二十五所學校和組織，這樣多元的組成代表其中有些組織文化可能才位於建立初期，有些可能歷史悠久；同時意味著，「提供回饋」在有些組織中可能是家常便飯，有些可能還在摸索學習。為了確保所有小組都能在工作坊中有效提供回饋，艾麗卡建議學員在提出回饋時，可以特別運用下列兩種方式開頭：

「我剛剛注意到有一點成效不錯，就是……」

以及

「有一點也許可以試試不同作法，就是……」

每次只要如此開頭，就等於在間接表示：其實人人都在學習如何提供回饋，而且大家對於回饋的重要都表示認同，所以**常見的「抱歉和暖場引言」其實沒有必要**。

另外，艾莉卡還在她主持場次的尾聲中多加了回饋流程，鼓勵學員分享自己得到了哪些格外受用的回饋意見，討論為何因此受益良多。討論等於強調了回饋意見的價值，提供回饋的一方也會因爲得到肯定而日後更樂於分享。

回饋意見的提供和接收，運作越是安穩自然也就越似「正常」，所以務必在一開始練習就執行。**若是等到出現問題而有所「需求」，回饋自然而然會和錯誤畫上等號**，因此**必須讓回饋意見像例行事務般理所當然，當事者進展順利時更不能吝於提供**。此外，最好讓當事者透過角色扮演練習「提供」和「接收」兩方，這麼做有助於深入理解回饋流程，而且等於在告知當事者接收和提供會輪流，兩者相輔相成。

道格有位朋友科林。科林的兩個孩子滑雪技術一流，對於任何滑雪上的意見回饋都能虛心接受，從不辯駁反對而且會就此提問，有時候甚至還會請父母提供想法。這點十分少見，許多孩子對於接受回饋和加強應用心存排斥，更多孩子在父母指點教導時便亂發脾氣，無論是滑雪或其他方面，常覺得自己才是這方面的高手。

科林就此分享了自己如何讓回饋意見如例行公事般正常化。打從一開始，他每隔一趟便和孩子進行「回饋滑雪」，回饋滑雪期間會每兩百碼左右就停下來討論和評判，而且會彼此觀察。科林還記得自己如何小心翼翼地讓正向回饋不少於糾正，例如：「剛剛太棒了！看看能不能再這麼滑一次！」也會請孩子就他的滑雪表現提供回饋，同時請孩子彼此觀察。儘管孩子的回饋意見偶爾難免有誤，卻依然有助於將回饋正常化。

他表示：「這麼做的目的就是希望孩子能夠自然養成習慣，相信總是有尚待加強之處，除了時時觀察和分析，也願意和家人交流意見。」儘管孩子們的滑雪技術可能已勝過父親，身爲滑雪高手的他們卻依然樂於聽取父親的意見。

29 解決辦法，用正向的說明最有效

理想的回饋意見不在於描述問題，而應該要以具體可行的方式說明解決作法。

如果目標是訓練主管與下屬的互動，雖然說「不要那麼強勢」並沒有錯，但是對於眞的希望有所改善的人，這樣的評語對於找出解決之道幫助不大。這一點常可見於孩子的教養上，類似「不要再東摸西摸了」的問題描述其實能以更有效率的方式取代，例如：告訴學生該採取哪些行動——「到桌前坐下，拿出作業。」

稍早提過同事羅伯學摩托車的經驗。他爲了有所準備，事先去當地社區大學上了課，他宣布自己要開始上課時，我們都不以爲意，估想著應該就是一般人熟悉的駕駛課，在有著刺眼日光燈的狹小空間內無聊乏味地進行；但是結果卻全然相反，羅伯甚至寫了好幾封電子郵件，分享其中的作法可以如何應用到工作坊上：

「距離我上次接受任何訓練已經好一陣子了，這次課程的效果讓我感到醍醐灌頂。

我曾經有一兩次動作錯誤卻全然不知問題所在，但是他們即時又明確的回饋意見，就像場及時雨，就算簡單如『轉彎時頭一樣要抬高』，卻能讓我下一回練習時就完美執行出動作。」

羅伯表示自己一開始就連光是繞著一個三角錐騎車都有困難。教練表示關鍵在眼睛，眼神固定看著騎的方向，靠近三角錐時也要稍微留意一下，摩托車的方向自然是和眼神移動的，所以若是直接低頭看著三角錐，身體自然會影響車輛方向。有趣的是，教練在羅伯成功應用回饋前並未加以討論，只是請他照做。這裡請各位再讀一次，沒錯，**教練只有請他跟著做**：靠近三角錐時投以一瞥，然後就眼神直視目標繼續騎。

現在請各位回憶一下自己參與培訓、運動或求學的經驗。有多少負責指導或教學的人有常就應該採取的行動進行說明？通常我們聽到的多是「否定」的行動，例如：「不要打得太用力」「不要越位判罰」「開會不要盡說些白目的話」。同樣的意思若要以解決辦法進行說明，就應該將「不要打太用力」改爲「穩穩地揮桿」或「試著想像自己只是要讓球桿碰撞到球」；將「不要越位判罰」說成「好好站對位置」；「開會不要盡說些白目的話」則可以改爲「當別人介紹自己來自哪個國家時，只要表示很榮幸或高興認識他們就好了。」

描述問題	建設性的模糊	正向說明解決作法
不要越位判罰	好好站對位置	「確定自己站在隊友和球門之間，球離得越遠空間也要逐漸拉大」（可說成「球門那側」或「球門那側和保留空間」）
不要打得太用力	輕一點	「穩穩地揮桿」或「試著想像自己只是要讓球桿桿面碰撞到球」（也可說成「桿面撞球」）
開會不要盡說些白目的話	下次說些別的吧	「別人介紹自己來自哪個國家時，只要表示很榮幸或很高興認識他們就好了」（可說成「我的榮幸」）

沒有人會在回顧事業發展時感念曾經批評過自己的人；沒有人會在勝利時刻還花時間表示：「在此我要特別感謝一路走來不斷指出我失誤之處的人」，如果有專業評論家讀到這段文字，很抱歉，事實就是沒有人喜歡被批評，就算有朝一日在成功時回溯以往受到的批評，若從中有得到任何幫助，頂多是因此被激發出志在成功的動力。但是人回首當初時會感謝的指導、教師和教練都曾經**將「問題在此」替換成「你可以這麼做」**。身爲教練就應該要求自己掌握每個可能的教學機會，也就是要向當事者說明如何解決問題，而非不應該出現哪些行爲，這點聽起來容易，實踐起來卻有其挑戰性。

說明解決作法不僅在於告訴當事者怎麼做，還必須克服「建設性的模糊」——看似在指導當事者，但實際上卻因爲言語過於模糊籠統而少有助益。無用的回饋意見（描述問題和建設性模糊）和能**正向說明解決作法**的回饋意見有所不同，下方表格比較了三者間的差異。

在模擬或暫停時間有限的場合中，若希望回饋有助於成功就必須簡短，但是有些說明解決作法的例子卻非如此。如果你要在手術前與急診室的同事超快速地走過流程，或是要替歌劇《茶花女》進行正式預演，不可能有時間以長長的一句表示「調整燈光，要直接照在刀口上」或「站在舞者的左側！」不過如果長時間在提供回饋時都聚焦在重點項目，往往會累積出常用語彙，以簡短的提醒替代較冗長的回饋意見。所以如果在指導初期提供回饋時就以較長的語句說明解決作法，在較爲緊繃的模擬場合就可以運用簡潔的版本提供回饋。

現在，我們回到羅伯的摩托車課程，談談他的寶貴發現帶來的驚喜。

也許我們對「人人都能享受高品質教學」的理想心存質疑，但是事實證明這樣的懷疑事出有因，大多的駕駛課程都令人難熬、無聊乏味且成效普通。爲什麼摩托車課程卻有這般懸殊的差異呢？也許提供課程的人（莫哈克谷社區大學）是某種新興教學派的先驅，不過原因可能在於其中的迫切需求，也就是駕駛摩托車相較於駕駛汽車更有必要確保進行無誤。摩托車若是發生車禍可能傷亡慘重，所以如果我們希望羅伯平安快樂活到老，絕對不可能「從做中學」或「從錯誤中學習」。

就實際面來看，學生在摩托車騎乘課程中受傷的風險，遠遠超過一般的汽車駕訓班。綜合上述原因，一般汽車駕駛課程中常見的乏味講課和線上家教，在摩托車教學上變成了高品質的練習和回饋系統。若希望讓人少有期待的（汽車）駕駛課程和其他千餘項活動也能夠提供更優質的練習，就必須深信教學項目有其迫切性，只許成功不許失敗。若眞能如此，其中的練習活動就都會（或開始會）像羅伯的摩托車課程一樣理想。

30 正確領悟，深層植入

凱蒂之前替學校的職缺進行面試時和應徵者互動深入。前來應徵的年輕教師吉蓮，已經有一兩年教學經驗的她原本計畫要試教。面試前幾天，吉蓮將課程計畫寄給了凱蒂，計畫雖然立意良好但是卻雜亂難懂：原本清楚直白就可以順利進行的項目搞得過於複雜，除了欠缺一些關鍵環節，還浪費時間在芝麻綠豆的小事上，從頭到尾都穿插了對於不同教育理論的引用。這些卻都不出人意料，因爲我們相信人只要充滿動力就可以邊做邊學，可以透過面試了解應徵者對於回饋意見如何反應和運用，吉蓮對於凱蒂的回饋自然也有所反應。

凱蒂和吉蓮提出該如何修正計畫進行加強，才能讓試教更爲順利成功，在電話上討論了大約二十分鐘。隔天吉蓮在重新寄出教學計畫時還特別釋出善意，向凱蒂表示自己「已經依照建議全部修改好」，但是其實幾乎毫無改變，嘴上雖然說有所修正，但白紙黑字卻道出了事實。

凱蒂回憶起自己任教於高中時會就學生的作文提供詳盡的回饋，但是後來學生交出來的「修正版本」卻和原稿幾乎一字不差，不過重新以較工整的字抄寫一次罷了，學生也都千篇一律地表示「全部依照建議修改過了」，由此可見，人往往在表示「採用了您的回饋意見」時其實什麼也沒動，有時候這一點甚至比毫無行動令人更憂心。

究竟該如何確定對方將自己的話聽進去了？接下來的三項技巧能夠幫助你確認接收的一方對於回饋確實了解並且詮釋正確。

深層植入作法一：概述回饋

讓回饋意見深層植入腦中的最簡單作法就是：**在提供回饋後請對方概述一次**，如此便能全盤了解對方是否掌握了回饋意見和重點。回饋意見若是較為複雜，這一點則更加重要，如果回饋有褒有貶往往會令人感到混淆，因為如果觀察到的強項之中也有所缺失，最後聽者記得的會是讚美。

身為主管的潔思汀注意到下屬卡拉雖然在團隊中得到他人的尊重，但是卻沒有人喜歡和她共事，這種情形甚至影響到了團隊士氣和工作成效。潔思汀雖然欣賞卡拉講求結果和成效，但是希望能夠幫助她了解強勢的態度可能會被視爲批判和蠻橫，反而導致他人不願與她共事。如果能多些微笑表示友善並主動傾聽，有助於卡拉提升工作價值和生產力，得到他人欣賞的同時也會提高工作效率。因此潔思汀安排了會議，在討論每月預算的同時，指導卡拉如何運用這個場合練習發揮較感性的特質。潔思汀盡可能地維持正向：「你有一項工作特質我很欣賞，那就是你替我們的團隊注入了強大的力量，謝謝你。這項特質要獲得善用，就要讓人看見你感性的一面，就像孩子從母親身上能感受到溫暖一樣。開始討論預算的同時，請你假裝我是同事，練習在共事的當下散發出溫暖並用心傾聽，若是對我的意見感到認同，也請明顯地回應。」

先來看看潔思汀的回饋：就像多數的回饋意見一樣不盡完美，至少我們的回饋就常常如此。她設法協助卡拉改善的同時，並未透露可能會使得氣氛更緊繃的事實——同事不太喜歡卡拉。這樣的練習情境之所以理想是因爲卡拉能從中改變行爲，在還不清楚背後眞相的種種細節之前就開始解決問題，無論卡拉是否知道問題的來龍去脈，重點總之就在如何解決。不過潔思汀的語氣卻沒有原本想像得直接，反而將問題歸結在同事身上：「是他們沒有看見卡拉感性的一面。」現在假設兩人開始討論預算，卡拉試著「練習」

散發出溫暖卻少有成效，就算勉強擠出一兩個微笑，卡拉在乎的就是預算。這時候，潔思汀暫停了會議。

「卡拉，雖然現在正在討論預算，我也很樂見開會進度如此迅速。不過我知道你就算閉著眼睛也能搞定預算會議，所以想請你回到會議一開頭，應該要如何簡述這場會議的目標呢？」

此處潔思汀希望接受回饋的卡拉透過重述說出自己所聽到的，這也是確認理解程度的常用作法：「請重複剛剛我說過的話。」其中的好處是潔思汀可以就此確認卡拉是否其實明白而只是無法（或不願意）做到；又或是卡拉其實並未聽懂潔思汀的回饋，就上述例子的發展來看，的確有可能。**無論理解與否，重述的作法都有所幫助**：如果問題在於卡拉做不到或缺乏意願，向主管重述優先順序等於給自己多些責任壓力；若問題在於卡拉並未理解回饋，潔思汀就可以重複一次，無需在目標不清楚的狀態下浪費時間繼續練習（「重述」也能幫助主管了解自己提供的回饋是否能爲對方理解）。

有些人認爲請對方重述自己剛說過的話可能顯得好爲人師，若是對方比自己資淺這麼做可能無妨，但是團體練習呢？這時候可以將語氣調整得柔和些：**「要不要確認一下理解的程度呢？」甚至表示：「要不要我們雙方都確認一下理解程度？」**

深層植入作法二：將回饋意見設定優先順序

潔思汀也可以請卡拉替回饋意見設定優先順序。

「卡拉，我非常希望你在這次討論盡可能地散發出溫暖和善意，這樣會讓我感覺你喜歡和我一同共事，而且珍視這個機會。我之所會這麼說是因爲其他同事常常從你身上感到缺乏這種感受。剛剛會議開始時我們腦力激盪出了一些作法，可以花一分鐘回憶一下嗎？如果要變得比較柔軟，這次開會時有哪兩樣最重要的項目必須盡力達成？」

這種作法等於以更高的效率獲得重述帶來的許多益處。卡拉定出的優先順序能夠讓潔思汀明白她是否如預期地消化了訊息，同時等於進一步要求卡拉指稱出明確的行動步驟。卡拉在選擇執行重點時不僅深入其中，也必須爲挑選出的項目負責。

深層植入作法三：下一步

最後潔思汀還可以請卡拉更具體地談談下一步。

「好，卡拉。爲了讓我清楚你的理解程度，請記得在這場會議中還要練習發揮感性。

頭兩分鐘請就試著發揮，如此一來就凝聚團隊向心力而言，能提升我們的合作效率。為了確保我能注意到，請現在就說出目標，告訴我等一下你要採取的行動。」

這項作法的優點在於其立竿見影的效果，將重點放在當事者必須立刻實踐回饋，設定行動目標也有助於在尚未執行時就此討論。「已經過了三分鐘了，執行起來似乎比預期的還困難，我們來檢討一下。」或「很好，這麼做效果很棒。我們繼續練習，請你說說接下來的行動目標。」

王牌教師也常透過下課前提問來掌握學生對於整堂課的理解程度，在學生離開教室之前利用二到四個簡短問題進行測驗，以確定學生是否明白了教學內容。下課前提問可以成為教學上固定的理解測驗方式，道格所著的《王牌教師的教學力》中就此有更深入的探討，而教師都發現這麼做的幫助令人驚嘆，能夠以此確保學生不會在理解不及預期的狀態下就步出教室。

提供回饋時也可以如法炮製地提出幾個簡單問題，假設性問題效果格外地好，例如：「好，我們很快地假設幾個情境。如果某事發生了該怎麼辦？」

道格的兒子最近在學習如何於足球場上找到定位，道格在提供回饋時就運用了這種作法來衡量孩子的理解程度。父子討論了活動範圍放大的優勢，將球踢到邊線並善用防守，而不是直接從中央切入。道格就球門球也向兒子表示，應該將範圍放大，移到邊線上。不過這項回饋意見並未如預期中奏效，兒子聽取了回饋後，將球門球要拉開距離的意見應用在所有球門球上，就連他位於球門球的反方向時也這麼做了，原因就在於過於聽從不夠精準的回饋。

第二天，道格調整了回饋意見，說明了強邊和弱邊的差異，並表示應該要盡量拉大距離到可以在強邊（球在的那一側）得到球，若是在弱邊（距離球較遠的那一側）則應該稍微往中間一些。兒子雖然馬上理解了這個概念，道格卻因為前一天的建議失效而耿耿於懷，因此還簡短地多問了兒子三、四個假設性問題來確保他理解無誤：「如果球門球靠你這邊，該怎麼移動？若是在另一邊呢？如果你在偏後方，同隊的防守拿到了球，應該要怎麼移動才有機會？」等。道格從兒子的回答中明白他理解了第二次的回饋意見，而且隨時都可以學以致用。

CHAPTER 5

如何在團隊裡進行完美練習？

練習不可能憑空出現。無論是籃球隊、學校或跨國企業，團體或組織對於練習提供的支援可能讓人厭惡練習、心不在焉而產生衝突，也可能讓人樂於練習和接受挑戰。

眞正厲害的練習不只強在設計和規畫，而是贏在「文化」——對於某組織裡人際互動和核心價值的預期表現，也就是某組織或體制下所屬成員視爲理所當然或「正常」的概念。進行練習之後他們如何在閒暇之餘和開車回家的路上就此思考與討論；對於個人發展和精進有何想法；觀察同儕練習時作何反應，又如何助同儕一臂之力，這些對於人才導向的組織都是關鍵。

韋爾康乃爾醫學院臨床技能中心的主任康遠博士就建立出這種練習的文化，透過**刻意多次進行活動**將醫學院學生和實習醫師訓練爲成就輝煌的醫師。這點聽起來也許並不出人意外，畢竟醫學院本來就要讓學生學習醫術，不過現實中並非所有的醫學院在打造練習的文化上都作法相同，有些學校的文化是讓學生自己設法找出路。

我們很榮幸地能訪問康博士，希望了解她如何將練習作爲核心元素融入學院文化當中。康乃爾醫學院如同一般醫學院，傳統上習慣以架構分明的方式訓練醫師接觸病人時的問診和身體診察，通常都以授課的方式進行，然後學生會到醫院訪問病人，也就是做中學的方式。近年來出於對病患安全的注重，越來越多醫學院的課程中多了模擬練習，由於醫師證照考試中包含了與假扮病人的互動，所以到了二〇〇四年全美所有醫學院的課程都加入了**模擬練習**。

南加州大學的霍華．貝洛思博士於一九六三年首次提出的「**標準醫病互動**」，現在已經成爲各個醫學院中普遍的一環。這項練習活動的立意是要替學生爲將來工作會面臨的狀況提供現實的模擬。學生面對演員假扮的病患進行問診和身體診察，這些假扮的病人也因爲特別訓練而懂得就病例的細節和醫師互動，使得練習盡可能接近現實，好讓醫師就未來的工作狀況有所準備。標準醫病互動的重點在於：和病患建立關係、如何有效地問診，以及進行臨床操作。在韋爾康乃爾醫學院，學生早在一年級時便有機會進行問診和身體診察，然後從立即回饋中了解自己是否執行得當，這樣寶貴的練習經驗難以從與眞實病患互動中得到。

建立良好的醫病關係有助於醫師診斷治療，韋爾康乃爾醫學院的臨床技能中心正以此項重要的醫學技能爲重點，長期致力於協助學生提升相關學習和練習。證照考試的改變，使得全美的醫學院都加強了這方面的課程，韋爾康乃爾醫學院在這方面則遙遙領先，將練習帶入學程的所有面向，甚至包括了硬體的規畫和建立。技能中心全面環境的設計出發點爲的都是提升練習成效和回饋溝通，高達一萬五百平方英呎的空間就是特別爲了模擬活動所建立，正如飛行員必須運用飛行模擬器一樣，這樣的空間替實習醫師和主治醫師提供了逼眞的場景，讓他們在臨床環境中練習的同時，無需擔心可能傷害到病患或有損醫病關係。

中心的目標就是營造出盡可能類似醫院內各個空間的環境，因爲**環境若是不夠擬眞，練習的效果就會打折**，這些空間和現實場景簡直像複製般完全相同，空間內的病床、工具，甚至牆壁顏色都如出一轍。中央的觀察區也提供了不同管道，教職人員可以藉此觀察模擬練習中的學生如何與假扮的病患互動，例如：指導者可以使用雙面鏡和無線耳機，還能轉換音源頻道同時觀察幾間模擬室。模擬室也配備了影音設備和麥克風來替每回醫病模擬互動錄影，再存入長期資料庫中，供學生和教授追蹤進步狀況，進而讓學生在醫學院和畢業之後都能受益於練習。

模擬練習時，病患會在第一輪回饋中卸下角色，運用詳盡的清單從病患觀點針對互動提出三項回饋（例如：學生在打招呼時是否有稱呼病患名字，是否有對心或肺進行聽診），接受過特訓的假扮病患懂得如何運用建設性言語告訴學生自己的感受，也會提出醫師在互動中傳達的非語言訊息，康博士表示有些能力較強的病患甚至會將回饋意見親身示範。學生掌握了病患的回饋意見後，可以和指導者以臨床觀點就診斷進行討論，最後學生還會透過影片回顧自己的表現並就此撰寫自我評量。由此顯而易見，該中心從裡到外的規畫都是爲了推動有效練習和回饋，這點從課程活動的文化上可見一斑。

韋爾康乃爾醫學院的文化**以練習爲基石，讓練習具有目標、成爲例行事務、安全無虞而且人人可行**。該怎麼做才能讓你的團隊或組織也提供類似的環境呢？答案是要**建立練習的文化**，以下的法則能協助你朝此邁進。

31 請練習犯錯，視之爲正常

「自己人如果因爲犯錯或欠缺目標而受到處罰，整體氛圍便會充滿警戒、甚至恐懼。這就像在球場上告訴球隊『不能輸』一樣，反而往往造成挫敗。」——約翰．伍登。

我們認識一位滑雪技能出衆的女性，她曾經分享過自己決定放手摔跤的那一天，正是讓她成爲滑雪高手的轉捩點。

當時她正要再登上滑雪纜車前往灑滿陽光的陡峭滑雪場，她才剛以漂亮無敵的姿態滑下困難斜坡，這番表現讓身後的青少年驚嘆不已，青少年邊夾雜著「超強」「太厲害了」等話語邊問出：「你還會跌倒嗎？」登上纜車時的她想著❶答案是「不會」，❷如果這名青少年是她的侄子或姪女，她可能會爲了激勵他精進技巧而不承認自己其實不會跌倒，反而會點出不跌倒就代表自我鞭策不足，或是其實還有迅速進步的空間。

「放手一搏吧，就算會跌倒也要冒險一下。」坐在纜車上的她喃喃自語地說出這番話，而提問的青少年早已呼嘯而去。纜車上升到一半時，她忽然驚覺不僅是青少年必須了解始終不跌倒並不等於成功，她自己也對此深信不疑，因爲自己幾乎不再跌倒了，這種事頂多要滑了八天或十天才會發生，就算跌倒也是因爲自己不夠努力而分了心。

她領悟到自己不再跌倒大概是因爲不再全力以赴地要求自己精益求精，自認不錯的技巧反而造成自己鬆懈懶惰。這時候的她立刻決定改變作法，要用盡全力滑到自己跌倒，而光是那一回就跌了三次。之後，她滑雪時都以跌倒爲目標：「我可以感覺到自己正在挑戰恐懼的極限，只要繼續不懈就能克服恐懼。」短短幾週內，她就蛻變成滑雪高手。

那時候的她經歷了幾個念頭的改變。

第一個是察覺**「失誤」其實從某個角度而言不僅正常還有所助益，絲毫不代表技能不足，跌倒次數和技能水準並無關聯**。但是這也需要信念，她必須相信就算跌倒卻依然是好身手，儘管跌倒卻仍舊能因滑雪技術受到他人肯定，沒有人會因此嘲笑譏諷，她必須秉持著風險能帶來進步的信念，深信自己若**要邁向顛峰就必須暴露出弱項而非設法掩蓋**。

怎麼做才能建立起特有組織文化，讓組織內多得是這般無所畏懼、勇於冒險精進的滑雪高手？組織必須要讓成員對於成功有類似的體悟，進而願意扭轉對於練習的認識，讓他們認知到**失誤率和技能水準不能畫上等號**，而且對於在同儕面前暴露弱點，也能感到自在以相互切磋求進步；此外，成員感到信任、信念和快樂的同時也將更樂於和同儕合作。要達成這樣的目標首先就**必須讓錯誤正常化**。

厲害的教練明白從錯誤中學習能創造出的價值，因此無論當事者表現正確或錯誤，他們都不會過度反應，這樣氛圍下的練習才更有成效。希望練習效果理想，就不要因爲練習時的成功而大肆歡呼，面對錯誤也不應該過度責難。第四章中提過，提供回饋要迅速，並請當事者就此重新修正，避免重蹈覆轍的同時也能從中學習。

佛爾在著作《記憶人人hold得住》中給了自己一年的時間加強記憶力，他準備開始這項自我挑戰時找了「全世界頂尖的專精學專家」安德斯．艾瑞克森「敲定合作」。佛爾會將他爲全美記憶冠軍賽準備的資料提供給艾瑞克森，好讓他清楚自己如何訓練準備，艾瑞克森和研究團隊中的研究生則會回頭將資料和佛爾分享，從中設法加強他的表現。這項合作在佛爾面臨記憶高原期時幫助極大。

他密集練習了幾個月之後記憶力停滯不前，艾瑞克森鼓勵佛爾向其他「刻意練習」的專家學習——進行「方向明確並強調重點的例行練習」，而運用刻意練習克服高原期

（即「OK 高原期」）的關鍵就是**練習犯錯**。佛爾在闡述高原期時採用以打字爲主題的研究來舉例說明，他指出許多人在打字上也會滯留在高原期，我們開始學打字時會不斷地進步再進步，直到最後準確度和速度都達到顛峰。雖然許多人爲了工作和個人生活花了無數個小時打字，技能卻未因經驗累積而進步，反而停滯不前。研究發現，螢幕上字句出現的速度若是超過受試者習慣的百分之十到二十，就等於挑戰了受試者的極限，在允許打錯的情況下，受試者以此速度繼續練習幾天後都變得更快了，所以佛爾若是希望表現能突破高原期，就必須練習失誤。

這一點該如何應用在組織上呢？答案是透過將錯誤正常化來接受挫敗。

不過知易行難，多數組織對失誤都不樂見，這當然可以理解，因爲有時候錯誤會造成慘痛的結果，也許是失去客戶或大規模回收。就算影響有限，人在職場上往往會因爲犯錯而擔心驚慌，更恐懼他人發現錯誤。組織面臨的挑戰就是設法以妥當的方式將學習和練習期間的錯誤正常化，尤其得悉心處理可能在眾人面前揭露的錯誤。

將錯誤正常化的流程如下：首先像上述滑雪和打字的例子一樣，**爲當事者設立挑戰後允許犯錯**。再來是**以鼓勵成長和改進的方式來處理錯誤**，**對於錯誤不能輕描淡寫或忽略不視，卻要在錯誤變得根深柢固前鼓勵當事者進行修正**。這之中的平衡十分微妙，不同的組織和學習領域挑戰也有所差異。現在就以教學這項以學習爲主導的範例說明如何達成巧妙平衡。

我們發現王牌教師非常擅於在課堂中建立坦然接受錯誤的文化，視錯誤爲自然的同時卻也不會毫無糾正地放任錯誤繼續。這代表不能忽視錯誤的重要，應該避免說出「親愛的，沒關係。這題眞的很難，答錯無所謂。」也不應該放任錯誤答案或是不當行爲，使其因爲欠缺糾正而更根深柢固。按照《王牌教師的教學力》中將錯誤正常化的技巧，教師應該「**避免因作答錯誤而責難學生……也不應該替作答錯誤的學生找藉口。**」

三年級的學生朗讀某段文章時若有些錯誤，教師會請他重唸讀錯的文句或詞語：「這句再唸一次看看。」如果學生還是繼續犯錯，教師可以說明原則作爲提醒：「這個音發ｉ的短音。」王牌教師會就此持續努力，確定沒有錯誤會因爲缺乏糾正而繼續發酵，同時以溫和堅定的態度糾正學生。無論在任何文化、職場、課程或團體，人們處理錯誤的作法正是取決於這樣日積月累的互動。鼓勵學生接受挫敗、再次嘗試對於所有學生都會產生深遠的作用，影響個人對於自身表現的看法，以及如何在學習上彼此支援。教室因此能成爲讓人放心犯錯的空間，錯誤在此絕對會被糾正，成功也是重要目標。

爲此，教師、教練和主管務必「不要再扮好人」，人在糾正錯誤時的直覺反應往往是語帶抱歉地表示：「莎拉，沒關係。這個眞的比較難，你也盡力了。」或「不好意思，這邊要改正一下……」這麼做會引起幾種負面效果，一來等於降低標準，二來是對於犯錯（和回饋意見！）應該心存歉意，還有面對錯誤應該要避而不談。如果對於應該改善的項目過度迴避閃躲，反而會讓人覺得問題比實際上嚴重。**上上策就是溫和而直接，不再扮白臉，讓犯錯成為練習的自然環節**。

包裝錯誤的技巧是重要的關鍵，運用**合適的語言和恰到好處的語氣**便能在錯誤正常化上發揮驚人的效果，例如，可以使用下列語句開頭：「我眞的很高興你犯下這個錯誤。這個錯誤在這方面最為常見」「會這麼做完全可以理解，不過要留意的是……」也可以借用自己學習某項技能的個人經驗：「我剛開始學習的時候也犯過相同的錯誤。」

因應錯誤的方式對於團體文化影響深遠，因為成員會受到其中語言和態度的耳濡目染，進而影響自己和他人犯錯時的應對作法。錯誤可能會增加，但是全體成員對於自身和同儕的期許也會升高。

解鎖重點：

- 鼓勵當事者透過自我挑戰突破高原期。
- 對於錯誤不能輕描淡寫或視而不見，否則錯誤可能根深柢固到造成學習障礙。
- 幫助當事者歸納出自身的錯誤，藉此培養獨自改善的能力。

32 化解抗拒練習的心態

「阻力的產生往往只是因爲尚未釐清。」——丹和奇普．希思，摘自《改變，好容易》

練習就像是場身心挑戰，在他人面前練習更是如此。多數人在練習時生理（心跳加速、掌心流汗）和心理（恐懼、緊張、焦慮）都可能產生負面反應，然而「也許會在同事面前展現出失敗」之類的憂慮卻可能成爲阻力，讓一些偏偏唯有在衆人面前練習才可能達成的目標最終宣告失敗。私下練習儘管重要，未能在他人面前練習往往也等於錯失了能帶來進步的寶貴回饋。音樂傳奇伊札克．帕爾曼曾接受葛文德專訪，節錄於《紐約客》雜誌中名爲〈個人顛峰〉的文章，帕爾曼表示在他人面前練習會有「更多人洗耳恭聽」，**欲求進步就不應該擔心他人在觀看和聆聽後的評論**。

避重就輕是人性，所以面對當事者各種避重就輕的小聰明，你必須有備而來地協助他跨越一開始的障礙，轉而投注心力於正確練習，以此建立起學習和精益求精的文化。感到尷尬、害怕失敗或缺乏對練習的信任都可能成爲絆腳石。克服了初期的阻力後，一般人就能全新投入於練習，但想要跨越初期障礙還必須有激勵向前的動力。

我們於工作坊剛開始加入練習活動時，發現由教師和學校管理階層組成的學員中，總是有好幾位都恰好在練習時間需要用洗手間；其他沒有奔向廁所的學員，不是移開目光就是突然急著翻皮包找東西。雖然此一現象並不全然令人意外，但是這種閃躲策略往往正是展開練習的絆腳石，在此列舉說明如下：

「我們正在努力呦！」——這句話矛盾的是，表現出勤奮努力和積極投入可能其實是逃避練習的策略。最近一回的工作坊中，我們請教師透過角色扮演加強非語言的指令，巡場時卻發現有一組學員正熱烈討論著這個主題，注意到主辦單位的人走近時，其中一名成員大聲宣稱：「我們在就這個主題深入討論。」許多人會對此表示贊同，認爲他們正忙著活動參與，投入相關內容。一開始我們也這麼想，隨後卻發現這只是聚焦於主題卻偏離了活動，正是一種逃避練習的（創意）作法。

「我不認同宣示效忠。」——我們有一項練習活動是透過請教師教導學生宣示效忠（the Pledge of Allegiance，向美國國旗及美國表達忠誠，尤指在美國學校裡，孩子們在每天一早要做的活動），練習運用非語言指令提醒分心的學生（例如：輕疊雙手表示坐下，或是以手指傳達指令），我們刻意以宣示效忠爲活動，因爲多數人無需多加思索也能清楚道出內容（不像執行複雜的課程計畫），其中一名（抱持懷疑的）教師以不認同爲理由想拒絕練習，其實抗拒毫無相關的主題只是爲了避免實際練習。後來我們請他以兒歌教學代替，他也在克服了一開始的練習障礙後順利地練習。此處的重點在於：我們並未放任他因爲不認同活動主軸就免除練習，這次經驗也讓我們更了解自己爲了建立練習的文化有多少能耐接受這種挑戰。

「這麼做似乎不太實際。」——有些人會爲了拒絕練習而宣稱某個情境似乎「不切實際」，殊不知我們正是爲了練習而刻意改變現實。康永博士就曾在自己的醫學院課程中從學生身上有所體驗。她表示：「練習一開始最大的難處在於學生知道這是『練習』。還沒走進模擬室前，有人指出抽離現實的可能，但是一踏入模擬室後，這些懷疑都煙消雲散。」有些人則會因爲對工作坊提供的腳本有意見而排斥活動，例如工作坊有一項活動要求教師發號指令，對學生說「我希望能看到你坐端正」的同時要聚焦於肢體語言上（例如：發號指令時雙腳得穩穩站在地上，或是運用非語言信號來加強指令）。有時候學員會抱怨自己在現實課堂中其實根本不會一字不差地說出「我希望能看到你坐端正」，雖然這些文字根本並非練習重點，他們卻會因此裹足不前。專業的足球員不會在練習時因為三角錐之間的距離異於現實而因此抱怨，看重練習就不會雞蛋裡挑骨頭。你的當事者只要深信，必定也不會抱怨。

領導者或教練在面對阻礙時若想先發制人，可以採取下列步驟：

❶觀察並指稱出阻礙，直接了當地處理妨礙練習的絆腳石，清楚點出問題後和當事者一起練習如何（透過練習）克服。

❷幫助當事者以練習的方式克服阻礙，不要就此批評數落，而是先指出問題並將其正常化後投入練習。

❸然後不要就此再度討論，只要記得最終目標是讓大家都投入練習，並了解沒有任何避免練習的正當理由。必要的時候就使出王牌招數表示：「大家的想法我都聽到了，我們先暫時把懷疑放一旁，先試試看效果如何，練習的時候順便沉澱一下思緒。」練習自然會讓一切不證自明。

指稱出阻礙等於讓對於練習的恐懼和不安浮出抬面，是防止阻礙造成練習干擾的第一步，例如：「角色扮演可能會讓人不太自在」「進行模擬的確是種挑戰，不過……」「我自己一開始也超級怕尷尬，不過……」在這些「不過」的轉折之後都在說明練習的強大力量，並解釋爲什麼在某些技能的準備、精進和熟習上，某特定活動格外能強而有勁地助人一臂之力。

低效率地濫用練習，使得有些人對於練習喪失信念，可能是曾經因爲練習在衆人前丟了臉，這種練習往往本來就難以助人成功；也可能從來沒有機會進行細部練習，而因此未能從基本功開始向上提升。

人之所以會不相信練習，是因爲沒有體驗過成效亮眼的經驗，許多習慣心存懷疑的人則未必是因爲個人負面經驗才有所質疑，往往是由於抱持懷疑其實是避免練習的最佳防護，如此一來便不用擔心暴露弱點。無論面臨何種阻礙，只要能有效地應對解決，便能讓練習的效益開花結果。**面對從不自願練習或以別種方式抗拒練習的人，最好的方式就是直接應戰**，點出阻礙後透過練習克服跨越。唯有積極主動解決這些展開練習的絆腳石，才可能替組織建立起扎實的練習文化，下一項關於「如何化練習爲樂事」的法則也有所幫助。

解鎖重點：

- 對於組織成員可能排斥練習，要有心理準備。
- 透過觀察釐清阻礙並清楚指稱。
- 鼓勵當事者投入練習以克服阻礙。

33 發揮創意，視練習爲樂事

「毫無樂趣的練習等於在做苦工。做苦工無法成就冠軍，也不可能打造出偉大組織。」

——約翰·伍登

許多業餘或自娛的高爾夫球手，都曾在練習場上感覺自己深似職業選手一般，一次又一次地打出又遠又直的球；不料隔天眞的踏上球場後，卻發現練習時的成功未能發揮作用，因而深感挫折和失望。美國職業高爾夫球巡迴賽二〇〇三年的最佳教練萊爾德·斯默曾在《紐約時報》的部落格中表示這種現象出於「人在練習場上打的是一顆顆球，但球場上打的卻是一場場球賽。」

以高爾夫球作爲休閒的人，踏上練習場後可能立刻在半小時左右打完二十五顆球，接著就心滿意足地收了球具回家，想著自己眞是善用了時間練習；而職業選手練習時，卻會在差不多的時間內打出一半的球，目的在模擬高爾夫球賽的實際發展。菲爾．米克森的教練布奇．哈蒙也曾擔任老虎．伍茲的教練，他指出表現平庸的高爾夫球手如果觀察職業選手的練習方式便能從中受益，哈蒙也問到：「在眞實的球賽中，有人會像挖土般以同樣的方式往同一個方向打球嗎？沒有吧！那爲什麼要這麼練習？」

明明在高爾夫球練習場上花了許多時間，球技卻少有進步的另一項原因可能影響更大，那就是加強短桿技巧（短距離的推球和切球）對於球賽表現的幫助勝過長桿技巧（從發球臺或樹叢擊出遠球）。業餘球手都認爲擊出又高又遠的球後，聽到一記清脆響亮的「碰」，相較於花時間練習如何處理沙坑球和推球技巧，前者的樂趣和成就感都大多了。但是麥克．班德和萊爾德．斯默這兩位全國前十名的教練都認爲應該調整練習方式，若是讓練短桿也有一番樂趣，人們自然會因爲樂於練習而提升表現，例如：可以和自己或朋友比賽，看看自己能連續幾次四呎推桿成功，或是要切幾球才能夠攻上果嶺。**練習不應該成爲懲罰，只要投注時間並發揮創意便能讓練習成爲樂事**，如此產生的動力不僅能鼓勵當事者出於喜歡而參與，同時也在傳達重要的訊息——這種正向活動值得投資時間進行。

希望各個面向上都能精進向前，就必須像打高爾夫球練短桿一樣，在某些技巧上下苦功勤練到熟習。梅薇思．貝肯就透過遊戲讓學習打字變得有趣（對於初學者而言，打字很耗心力）。她開設的「向梅薇思．貝肯學打字」課程透過各種速度和準確度的測驗來追蹤學員每分鐘能打出幾個字，學員競賽和晉級成功時也能獲得紙本能力證書。光是一次又一次打出不同文句來提升速度和正確率並無法鼓勵初學打字者透過練習加強技巧，不過若是打字的速度能轉換成螢幕上的賽車車速，和另一輛打字賽車相互競爭，突然間練習就產生了許多樂趣和動力。

我們觀摩了王牌教師如何在課堂上寓教於樂，從中融會貫通成幾項運用在練習上的原則：

- **將樂趣融入標的**：練習時的樂趣儘管重要，卻還是必須有確切標的和練習目標，只要能**將「樂趣」和「標的」巧妙結合**，寓教於樂就是最有效率的作法。足球隊的教練若是發現球員特別喜歡玩躲避球，可以就此爲暖身運動，將標的設定爲某個特定技能（例如運球），並以此設計出一套既有趣又能加強標的技能的細部操練，可能是請球員在同時運球時由教練和另一位球員設法將球踢開，球被踢走的球員就出局。維持樂趣的同時一樣能聚焦於標的，運用練習時的寓教於樂達到標的。
- **進行競賽**：喜歡和他人好好一較高下並不限於兒童，**將「活動」轉換爲「競賽」**

往往也只需要些微調整。例如：我們曾在某次活動中，訓練閱讀教師使用非虛構文學的閱讀策略，設法讓原本死氣沉沉的活動搖身成爲競賽。一開始，我們先請教師閱讀某虛構文章中的段落，要求他們標示出哪些部分能夠藉由提問或回歸主題的方式來鼓勵學生透過閱讀非虛構文章獲取更多背景資訊（我們稱這項技巧爲「嵌入」）。這項活動雖然標的清楚，即如何有效運用非虛構文章幫助學生建立背景知識，並提供他們機會練習解讀非虛構文學；但由於活動實在有些無聊，所以我們將它轉變爲遊戲，請教師從虛構文章中找出有用的段落並寫在小紙條上，然後放入一頂帽子中。接著，教師會輪流從帽子中抽出段落，就該段落盡可能地想出加強學生背景資訊的方法。這樣簡單的活動不僅有趣，也更能協助教師記住練習過的技巧，而禮券或手工做的獎杯等小獎勵，都能提供誘因（並建立）練習的文化。

- 三**聲歡呼**：我們的工作坊都會以**簡短的歡呼**（這也是從王牌教師身上學到的）來鼓勵落實練習的成員。這麼做聽起來雖然有點好笑，但是卻能**在炒熱氣氛的同時，肯定學員的努力**。例如：某一次的角色扮演，請教師在進行簡短教學的同時，練習掌控「等候時間」（即提問之後到點名回答之間的等待時間），活動結束後便可以請全體學員都來個「雲霄飛車歡呼」，先行示範後請他們模仿（將手高舉至空中六次以模仿出搭乘雲霄飛車爬坡的動作，並同時發出「嗚喔、嗚喔、嗚喔」的聲音）。各位可以放心相信，這種歡呼眞的很好玩，既然工作坊的對象是教師，這種樂趣等於有了雙重效果，因爲進行的同時也在示範如何寓教於樂。

- **刺激和驚喜**：爲了確保所有學員都有練習的機會（而不僅限於自願上臺的幾位），你也可以隨機指定學員扮演教師，例如：事先**在便利貼寫下「今天由你第一個開始練習」並貼於座椅下方**；也可以請生日即將來到的壽星或通勤時間最長的學員開始。這些決定誰先開始練習的方式都替活動增添了一份樂趣和刺激，另一項附加好處則是能讓學員藉此更加熟識，因爲這些問題永無止盡（例如：誰寵物最多、誰手足最少等）。採用這種模式便能**避免「有誰自願？」的死寂回應**，而且因此最後省下的寶貴時間便能夠用來練習和回饋溝通，所以又特別適用於人數衆多的團體。如此一來，練習就會充滿新鮮感、樂趣和吸引力，無需擔心沒有人自願練習，只要決定誰上臺即可。其中的驚喜成分還有一項好處——由於無法確定接下來會輪到誰上臺練習，所有學員在角色扮演和練習上都會抱持著「下一個可能就是我」的態度，因此會更努力地事前準備，也就是投入練習本身。

團隊練習得越頻繁，進步的幅度也越大，越是樂在其中也練習得越頻繁。如果你和團隊在練習上需要多一點誘因，可以參考上述的一些點子。

務必記住的一點是：**練習不應該成爲懲罰，或是表現欠佳時的修補活動，如果只在需要時才進行練習，便會削減了練習的力量和成功時的喜悅**，人若處於這種情況下就不會全心投入，因爲必須練習的言下之意會使人分心。

解鎖重點：

- 進行善意正向的競賽（可以是自我挑戰或與同儕比賽）。
- 努力化練習為樂事的同時，必須時時秉持著練習的目標。
- 鼓勵團隊替練習的同儕歡呼（不應該僅限於正式上場時）。
- 加入刺激的驚喜。先請全體學員都事先準備，保持氣氛緊張，然後再以出其不意的方式決定請哪位上臺練習（如此也能激起責任感）。

34 建立練習圈

我們常常會在工作坊裡認識一些資深主管，他們非常欣賞我們的簡報內容，也相信應用在自身組織上能產生效益。

起初，我們很驚訝於這些高層主管幾乎都不練習。某一次我們上前詢問一名執行董事，爲什麼大家都在練習而他卻站在一旁，他表示：「平常工作時沒什麼練習」，於是就坐在教室後方用著筆電、觀察其他人嘗試冒險，一邊想著練習的成效多驚人，自己卻無需承擔練習成敗的風險。這麼做當然非常輕鬆，不過我們也親眼目睹過資深管理階級面對練習採取截然不同的作法，進而對他人產生深遠的影響。

我們曾訓練休士頓獨立學區的六十位教學管理階層人員。有一天下午，大家正在練習一項名爲「強迫發言」的技巧，教師必須要求學生提出正確答案，活動進行期間大家都在都忙著練習，內容是：如果碰到學生以輕蔑口吻表示「不知道」來拒絕作答，教師應該如何應對？安娜思塔西亞・琳多・安得森是休士頓地區中學教育提升長（這個頭銜可不小，職責在於協助休士頓地區的校長改善教學方案），和她一樣來自休士頓的其他同事正在與教師一同練習，當她被問到是否願意一同練習時，她欣然答應了。大家都看著她和配合教師如何輪流扮演語氣不屑的學生，而面對持續作對的學生，安得森溫和而堅定，她的示範讓大家學到如何採用尊重但堅定的言語，加上恰到好處的口吻，讓教師都因為她親身演出而上了寶貴的一課（還好她願意嘗試）。

安得森願意展現自己並分享專業，不僅讓教師親眼看到如何以更寬宏的方式發揮技巧，同時也對於她願意練習予以肯定，她示範的不僅是技巧，還展現出對精益求精的冒險精神、全心投入和敬業態度。

在任何看重練習的體制、家庭或是組織中，**人人都在實踐**。德勤（全球最大的專業顧問公司之一）的全球執行長邵思博就形容德勤為一家「自我精進成癮的企業。」邵思博察覺到，既然自己領導的公司有著這樣濃厚的回饋文化，自己應該要以身作則地敞開心胸接納回饋，強調能夠聽取各種觀點的回饋意見，事後他因此開始收到大量的電子郵件。他曾經接受過《紐約時報》有關高層管理的專欄專訪，告訴採訪編輯亞當・布萊恩特：「一開始我很驚慌而且深感困擾。不過，透過專業訓練協助和自己用心學習成長，我日漸能以更爲正面的觀點來看待回饋。現在的我會仔細研讀後，從中取得智慧的結晶。」他也是透過練習才能走到今天這個階段。邵思博還表示，因爲自己能敞開心胸聽取回饋，所以「大家就算看法和我相異也能坦然分享想法。」

想要建立練習的文化，組織內從上到下的每一分子就都得投入練習，而且要能有接受回饋的心胸。邵思博希望員工能從不同觀點聽取回饋，而他就必須以身作則親自示範。除了領導階級在練習上親力親爲，思慮周延的刻意言語也有助於加強練習文化。任何組織想要建立勤於練習的團隊，都必須懂得刻意包裝語言，若試問「有人願意試試嗎？」可能會對練習的文化產生反效果，所以同樣的問題應該要稍微調整成「**誰願意第一個試試看？」**或**「這個透過練習成長進步的大好機會，有沒有人要試試？」**如此可能就會從原本沒人自願變成許多人都躍躍欲試。言語的改變也有助於克服開始練習的障礙，讓每個團隊成員都願意冒險嘗試練習。詢問「誰願意首先嘗試」等於表示每個人一定都會參與，只是誰先誰後而已。

每個人都可能會碰到阻礙練習的絆腳石，若是能透過刻意包裝，使言語充滿吸引力，等於提高了組織內每個人願意放手一試的機率。使用刻意的言語再加上自己以身作則地投入練習，等於就建立「人人都練習」的文化，同時也掌握了必要關鍵。正如第三章所提，

35 善用同儕間的共同責任感，實現個人進步

一九九八年，尼加拉瓜因爲颶風襲擊而必須大規模重建房屋，當時的放款單位並未要求住戶提出物品抵押，反而要求他們爲新房屋尋找保證人，無論是親友或鄰居，只要能夠擔保住戶會償還房貸即可。這種作法出自「微觀金融學」，秉持的理念是：**一般人寧可賠上自己的財產，也不願意讓自己在親友面前聲譽掃地或愧對親友**，事實證明這個概念果眞屬實。

採用微觀金融的原則時，開發中國家的人償還房貸的速度超過了所有銀行的各種預測，而降低不償還房貸機率的一項主因就在於，這種放款方式是以群體爲貸款人，**團體內的每個人都有連帶責任**。二〇〇六年，哥倫比亞大學的金融學和經濟學教授蘇瑞詩．孫達拉珊和博士候選人山姆．章共同發表了一項研究，表示**共同責任**有助於「降低未能償還房貸的問題」和「同儕間相互監督，因而減弱未償還和遲繳房貸的現象」，此外還

能「防止團體成員進行高風險活動，因為其他有共同責任的成員為降低風險會竭力阻止」，**人虧欠的對象如果不是某間大銀行，而是身邊親近的人，忠誠度和彼此關係便會激起償還動力，其影響甚至超過對於自身信用不保的擔憂。**

這些概念該如何應用於建立練習文化呢？

「同儕關係」對於人產生的責任壓力恐怕和「權威」影響不相上下，甚至有過之而無不及。如果能將這種承諾善用於訓練上，便很可能成為提倡練習文化的一大利器，要達到這個目標有一個簡單的作法，就是**讓同儕之間相互承諾並秉持相同的目標**，紐約布魯克林區一間名為貝德福明日之星的特許學校就善用了這個原則。校長蘇坦娜．諾慕哈瑪德要求教師要和「茶水間的教練」相互負責，這些教練可能是經驗較豐富的教師，或是能提供非正式指導的年級主任，他們會隨時向上報告實際狀況或提供和學校理念相關的資訊，也會協助其他教師達成目標。通常諾慕哈瑪德的教師會自行設定目標（例如：「學生應該要能在二十秒間就離開教室」或「百分之八十的學生要在下一次測驗中達到中上程度」），由於這些教師彼此間相互承諾而共同承擔成敗，因此也會運用練習達成目標，好比練習如何回應作答錯誤的學生，或是採用計時來改善學生在課堂間移動的速度。

建立同儕間的責任感（以及隨之產生的練習），還可以透過**自我確認**改善項目。

茱麗．傑克森創立了紐澤西州的北星小學（該州表現數一數二的頂尖學校），她的團隊正因爲自行確認了要提升的技巧而有所進步。雖然傑克森認爲他們應該要加強「有力之聲」和「正向包裝」（《王牌教師的教學力》中兩項幫助極大的技巧），卻請教師自行決定要先從哪項技巧中的哪個環節開始練習，這個作法適用於個人和團體，雖然限制了項目，卻也讓當事者自由選擇加強重點，不過教師會因爲確認了需要加強的技能（從多次課堂觀摩中得到回饋），還有因爲是自己的選擇而更積極投入。

你可以讓團隊透過合作自行確認目標，請他們自行確定練習項目並彼此負責，如此團隊就會在練習時相互幫助以達成目標，練習的文化也將蓬勃發展。團隊成員若能夠彼此負責，代表同儕之間的影響和成敗息息相關，所以可以鼓勵他們透過練習達成目標。

解鎖重點：

- 鼓勵團隊建立共同目標、彼此承諾。
- 找出「茶水間的教練」，在練習文化和加強項目上提供協助。
- 讓團隊（根據長期回饋）自行確認應該加強的特定技能和改善項目。

36 請應徵者實際模擬練習，徵才更精準

以練習爲核心發展的組織，在招聘人才上也應該將此一併考量，**合適的人選應該要樂見回饋並擅於應用**、**喜歡團隊合作**、**能坦然暢談個人的犯錯經驗**，**同時也必須有精益求精的熱忱**。簡而言之，招聘人才時如果也能融入練習，自然可以改變篩選流程，因爲組織不再以相同方式替成功人士的特質下定義。招聘的人員如果對於練習和回饋能夠敞開心胸，建立練習的文化自然更加容易。

惠特尼．迪爾森在以「學校改革」爲主題的部落格中曾引用數據指出：二〇一〇年期間在洛杉磯聯合學區受聘的教師中，僅有百分之十三必須在錄取前試教。這等於招聘了一百位外科醫師或消防員，卻只看過其中十三位進行手術或展現實際滅火所需要的技能和體力。還未請應徵者展現在專業領域的能耐，就決定錄取與否實在是荒謬無理的作法，何況如此也無法事先得知潛在的未來員工是否樂於練習和接納回饋。

尚未親眼見到應徵者展現專業核心項目之前，理當不應該錄取，這當然意味著可能必須刻意製造場合情境，例如：進行大體手術、在練習空間滅火、對可由同行扮演的「學生」進行教學。除了在應徵過程中加入練習，招聘時應該還要留意其他個人特質，才能確保組織成員都講求練習和進步。

練習如果是組織的核心要項（我們對此深信不疑），**就應該發展出一套聘用流程以篩選出正面看待練習的人才（就是時時刻刻都樂於學習）**。

皮爾．摩奈爾博士在《聰明識才》一書中就建議：在最後一關應該指派小型任務給應徵者，讓應徵者就錄取後可能負責的工作進行模擬。讓應徵者和可能的未來下屬有些非正式的互動機會，從中了解應徵者的態度，是尊重有禮或輕視無禮？聽取回饋意見時，是否能不受於提供方的層級高低影響？如果招聘的是廣告相關職缺，可以請他就新產品規畫出小型宣傳計畫，以了解對方是否創意十足？願意接受批評性的回饋嗎？如果是企業房地產的工作，可以請應徵者就你想賣出的房地產建立一套話術，對方能掌握市場脈絡嗎？是否了解客戶需求？能接受回饋意見嗎？

各位現在應該明白了，應徵者在這些任務上的表現固然重要，同等重要的是他們在練習和接受回饋時的態度，在應徵流程中請他們馬上練習，可以看出對方是否能夠透過練習求精進還是對此排斥抗拒。

非凡校群採用了摩奈爾的概念，應用於全面招聘流程上。我們不僅在最後一輪時，請應徵者進行小型任務，甚至以此爲招聘核心。我們在確定面試前，會先進行兩次電話篩選來確認教學理念相符，第一次會面時就請應徵者上臺試教。理念目標相符應該是先決條件，因爲無法透過練習調整改變，理念和價値觀是否和組織相符是單純的是非題，透過電話溝通確認之後，我們便請教師在應徵科目所屬的教室進行教學。

試教之所以重要，是因爲可以讓領導者觀察應徵者能替學校增添哪些教學技能，更重要的是能夠從中觀察教師對於練習的態度。會以非凡校群的招聘流程爲例，並不是因爲我們在這方面有多麼周延嚴謹，而是希望讓讀者了解我們讓可能的未來教師試教、聽取回饋，接著從角色扮演中看看他們如何將回饋意見融入其中，藉此便能了解對方是否具有坦然練習、聽取回饋的特質，也就是在非凡學校中成長發展的潛力。

愛麗卡當初在應徵某間非凡學校的職缺時，投注了大量心力準備教案，再三重複地聽了該校校長的語音留言，當中校長說明了她試教班級中「小學者們」的學習進度：「小學者們剛結束有關蝴蝶生命歷程的教學單元，所以建議你的教學主題可以談談其他動植物的各個生命階段。」雖然愛麗卡耗費了大量的時間準備和練習，試教狀況卻奇糟無比，講課時好幾位同學在說話，一位干擾他人的同學必須離開前方地毯回到座位，她最後也沒能順利地讓全班離開座位到前方地毯上聽取總結，但學校還是錄用了她，原因何在？因爲校方看重的不僅是她的教學技能，還因爲她**能接納實質的回饋並反映在自我表現上**，同時**也說明了自己能夠採取哪些步驟改善教學**。

愛麗卡在檢討試教狀況時提出了十五種自己原本可以採取的不同教學方式（「當時我應該先觀察班級狀況，好更了解他們的作息時間和流程」「學生坐在地毯上時，我應該要多來回走動」），她分享完一長串不同作法後，滿心期待地聽取面試人員的見解和回饋，之後愛麗卡打了電話給丈夫，表示雖然是個不錯的經驗，但是自己絕對不可能錄取，因爲她完全搞砸了。當時的她萬萬沒想到，自己對於回饋的反應和願意嘗試改善的態度，正是最後得到這份工作的原因。

學校的領導階層在面對應徵者時常會說：「如果你是我們學校的老師，我對你教學的表現有以下看法……」這時候大概就可以觀察出對方就練習和建設性批評抱持著何種態度，對於回饋意見又作何反應。對方有做筆記嗎？是否點頭示意？又是否對建議表示抗拒或替自己的言行搪塞藉口呢？這些都是珍貴實用的資訊，助益大過應徵者對於教學法或理論的言論。請應徵者練習試教、練習檢討課堂狀況，然後練習從回饋意見中擷取出強項和需要改進的弱項，可以的話就請對方再次試教並同時將回饋融會其中。簡而言之就是請他們就親身示範應徵的工作。

以上，招聘教師的篩選作法是本著招聘練習人才的信念，我們寧可錄取一名雖然六級分卻有潛力突飛猛進的教師（假設滿分爲十），若是八級分的教師卻可能日後學習緩慢又恐怕會排斥練習和回饋，我們也會以此拒絕。在篩選的流程中，我們會盡量去感覺應徵者對於練習的反應，也常常會請對方以回饋流程再次進行試教練習。「可指導性」是我們聘用與否的一項指標，其潛能也可以透過指導提升，因此這也是我們希望看到的一項特質。

現在，請各位思考自己所處的專業領域中有哪些技能無法練習呢？（就教學來說可能是教學理念）這麼一來，這些技能的工作應徵是否就無法練習了？如果無法透過練習改善（或是缺乏時間和能力就此練習，例如基礎的人際相處和進退應對），那就聘用已經具有這些技能的人。

先找出屬於先決條件的技能，透過面試（或電話篩選）了解候選人是否具備這些技能。接著，決定哪些技能可以透過練習提升，就此請應徵者透過練習活動進行模擬，從中判斷對方具備的特質是否足以讓技能因爲有效練習而改善精進。將練習融入篩選人才的原則，就更有勝算成功建立深厚的練習文化。

解鎖重點：

- 招聘人才前應仔細思考，錄取後的人員應該要能進行何種練習任務。
- 請應徵者進行練習，藉此掌握機會了解其對於練習和回饋的接納度。

37 公開讚賞讓練習成效亮眼

組織若是希望發展出成效亮眼的練習文化，可以善用兩種有效的讚賞方式。

首先是**透過有效「讚賞」的正常化鼓勵正向練習**，再來可以**建立扎實的「肯定」制度**。無論是中學足球隊或電子公司的品管高層人員，只要是人，對於讚賞都會有所反應。但是現實中的肯定卻常常流於形式，如果人人皆有獎，讚賞也隨性又有失真誠，又或是讚賞時強調的是特質而非行為，就可能毫無作用甚至有害無益。

史丹福大學社會心理學家卡蘿．德威特的言論常為各界所引用，她曾經研究了讚賞對於學生表現的影響，從中發現：若讚賞的是孩子的某項特質（例如聰明）而非某個行為（例如努力），學生可能反而會因為不認為成敗在自身掌控之中而表現不如預期。讚賞個人特質會讓學生相信「我本質『不是聰明的』那就真的是『不聰明』」，讚賞行為則會讓學生相信自己可以透過改變行動來影響結果。無論是協助孩童或成人練習，德威特的研究都很受用，**讚賞球員、兒女或員工時，如果將重點放在「行爲」就會讓行爲產生加乘效果**。

讚賞時分辨「特質」或「行爲」十分重要，我們還觀摩了傑出教師如何有效運用精準的讚賞鼓勵和激發學生，這使我們因此在指導成人上受益匪淺，從中了解到肯定和讚賞有所區別，而且讚賞絕對必須出自內心。

道格在《王牌教師的教學力》中提到：「如果學生表現達到預期而且表示肯定的時機合宜，通常簡單敘述學生的行爲或甚至道個謝就足夠了。」對於學生、兒女、球員或員工表示肯定很重要，但是**千萬不要將肯定和讚賞混爲一談**。「謝謝你向隊友伸出援手」「謝謝你幫忙清理碗盤」「感謝你今天在會議中的發言」，以上的肯定語句適用於表現合乎要求時，因爲球員相互幫助、孩子清理碗盤、員工積極參與會議本屬預期。如果當事者只是因爲表現合乎要求就得到讚賞，表現超出預期時獲得的讚賞反而會失去力道，讚賞應該要留到非常時刻使用，也許是努力用心超出職責之外，或是表現確實亮眼精湛，例如：「你把今晚所有的碗盤都清理乾淨了，眞好耶！」「今天練習之後你把所有的球和運動衫都收齊了，實在很貼心。」「今天員工會議時你成功地傳達了那則複雜的訊息，實在很有辦法。這樣棘手的議題你卻能處理得當，我爲你感到驕傲，因爲對表現和溝通都大有助益。」

對合乎要求的行爲，透過感謝要表達的是「肯定」；表現如果超出預期，則給予「讚賞」。

我們曾觀摩教師在課堂上如何明確地讚賞學生，從中學習到讚賞最重要的就是必須**誠摯眞心**，否則大人或小孩都能夠立刻察覺。讚賞若有失眞誠可能被視爲討好，反而因此減低了原先預設的肯定；誠摯的讚賞若能加上眞心而建設性的批評、從中取得平衡，自然會受到正視，無論是進行練習或在眞實情境，讚賞都應該要發自內心。

公開讚賞的效果最好，因爲受讚賞的對象可以得到應有的注意，同時也在傳達團隊或組織看重的價值。肯定的制度能進一步提升讚賞的效果，而肯定制度不僅可以應用於表現（例如：每週寫一封電子郵件給銷售團隊，於信中讚揚一位員工：「史提夫在今天對客戶簡報時表現可圈可點！」）但是也要強調練習（例如：「珍今天在練習結辯時併用了新策略」），肯定制度能如此應用於練習上對練習格外有幫助，因爲就練習傳達的正向回饋等於爲日後眞正上場時提供了充分的資訊和有益的回饋。

我們的一些練習活動會請教練就個人一一提供回饋，不過有些教師卻因爲想維護同儕的隱私而未聽取教練對於同儕的回饋意見，我們鼓勵他們要抗拒這種直覺作法，因爲個人得到的回饋和讚賞其實對整個小組也有所助益。公開的讚賞可以讓大家都了解哪些行爲值得努力效法，若是大家都能了解如何透過明確和可行的敘述讓讚賞發揮作用，公開讚賞便有助於穩固練習的文化。

爲了建立肯定制度，非凡校群總部辦公室的布告欄上有著同事之間的讚賞，肯定落實組織文化的同儕。例如行銷總監就在布告欄上讚揚資訊長：「撥空聽取我的實習生簡報並提供回饋，資訊長能騰出時間參與讓他們深感專業又備受尊重。」這則讚賞落實了明確讚賞的理想作法——讚賞的是行爲而非特質，因爲行爲值得讚揚，所以讚賞不僅止於肯定，公開表達之餘也滿是誠懇。

解鎖重點：

- 將鼓勵正向練習的讚賞正常化：
  ❶讚賞「行為」而非「特質」。
  ❷分辨「肯定」和「讚賞」的差別。
  ❸誠懇真心。
- 建立肯定制度。

CHAPTER 6

在完美練習中獲得新技能

本章以虛構的行銷公司（新品牌）爲例。

該公司爲了順利招聘新人，並且挽留可能跳槽到競爭對手的員工，必須設法振作公司上下的士氣。員工在離職會談中皆一致表示離職原因是工作上缺乏支持，公司因此擔心聘用新人的費用會影響到預算，所以認爲新的一年要將提升士氣訂爲首要項目。領導團隊決定要以三項標的進行全體訓練：提倡公私平衡的工作環境、疏通主管和直屬下屬之間的溝通、改善職場文化。

公司體認到這些項目的改變若要能夠實質又長久，就必須正視練習的重要。

主管都參加了兩天的特訓以練習如何和下屬交換回饋意見；他們也找出振奮不同部門士氣的方法，練習如何落實這些改變；也請了外部顧問公司參與特訓，協助練習進行困難棘手的討論。兩天特訓接近尾聲時，新品牌的領導階層對於實質又長久的改變即將來臨而感到興奮不已，然而可惜的是，儘管曾就多面向緊湊密集地練習，練習之後的成果卻差強人意，因爲總是有人明明練習了關鍵技巧，卻無需爲此展現責任；不然就是在兩天特訓結束後，實際運用所學時缺乏他人的觀察和回饋（例如：主管在練習如何提供回饋時，領導階級並未在場觀察），因此改變無法持久，努力練習的成果也未能落實。

在提升表現上，領導和主管階級最常犯的錯誤就是：未能有規畫和見解地事後追蹤，因此使得新措施或訓練成果缺乏持久「黏力」。讓點子充滿「黏力」的概念是因爲希思兄弟合著的《創意黏力學》而廣受討論，讓事物擁有黏力等於是讓「**概念能在被理解、記憶後還影響深遠**」。希思兄弟將重點放在如何賦予想法這種黏力，而本章的重點不僅止於想法，還針對了各項練習的技能，探討如何在練習後讓這些技能具有持久黏力（並成爲習慣）。

派崔克．帕斯托是位謙虛和善的年輕人，在紐約州羅徹斯特的眞北羅徹斯特中學任教了六個年頭，教導閱讀的他所運用的許多教學技巧在《王牌教師的教學力》中都有詳盡說明。他的教學技巧中最爲重要的兩點在於：長期持續不懈地堅持落實「堅持正確」和「形式之重要」，前者講的是「在課堂上以高標準要求正確並堅持實踐」，後者則出於「學生必須有能力以清楚有效的各種模式傳達所學知識，如此符合情境和社會要求才能進而成功」。

在此，我們把重點放在派崔克教學中的事後追蹤，談論他教導學生新概念，學生也透過練習在各方面和程度上都熟習了技能，接下來該怎麼做才能賦予技能黏力呢？

他在新學年一開始便明確直接卻溫和友善地向學生提出了自己對於學業表現的要求，例如：新學期一開始，學生學到如何在發言時要「洪亮有自信」，並加以練習如何以正確文法說出語句、漂亮精準地用字遣詞、表達豐富地準確閱讀，同時於進行對話時雙眼注視對方（「追蹤」）……以上關鍵項目都有助於中學學生預先準備成功申請大學時所需的學術技能，所以作答時若是缺乏了以上表達，就等於未「正確」作答。不過，要協助全班建立起這些習慣，卻必須在明確指導和練習結束後持續追蹤，所以派崔克把握了每個寶貴機會替學生加強這些重要技能。

東北地區的學校領導階層和教師都來到了派崔克的教室學習這套工夫，觀察到他如何堅持不懈又溫暖和善地糾正學生，以百分之百到位來要求學生將所學和練習過的技巧完全落實。派崔克是怎麼做到的呢？他可能並未意識到自己其實運用了本章講述的法則，例如：仔細觀察聆聽學生言行表現、協助和要求間的拿捏，還有以師生共同的語言表達對學生的預期，如果在新學年上半期間前往他的教室觀摩，必定會聽到他使用一些提示，如「跳到重點」「這樣很口語化」或是以「重複問題」要求學生以完整語句回答問題。這些技能在經過半個學年之後也逐漸成習慣，學生進行了大量練習和加強後，需要派崔克糾正的機率自然微乎其微。對派崔克和學生而言，練習固然重要，但是**持續追蹤練習成果才是技能黏力的來源**。而這些技能的力量的確也持久穩固，他的八年級學生於二〇一〇年在紐約州的英文語言測驗上寫下了全紐約州第六名的佳績，等於不僅幫助學生在課業上迎頭趕上，甚至還名列前茅。

太多企業和組織投注大量的時間和金錢在改善計畫和訓練事宜，卻未曾深入考量如何有效執行訓練，也不曾思慮行爲在訓練和練習之後會有何改變。

練習之後領導的重要性並不亞於練習本身，因爲指導得當便能使得練習成就出的技能更爲持久，練習後的表現也將日漸提升。諷刺的是，在思考如何讓練習效果持久上，人們投注的時間只有規畫練習的十分之一，所以本章將傳授一些關鍵法則，幫助讀者順利讓練習所得的技能在實際表現上開花結果。

想知道怎麼樣才能使得練習大有「黏力」嗎？請繼續讀下去。

38 觀察練習，精準解決問題

在練習技能之後的「後練習時期」（post-practice），務必要就實際情境中的表現繼續觀察並提供回饋。

第四章闡述的回饋法在此依然適用——縮短回饋流程、練習善用回饋、使用正向回饋，以及確認對方對於回饋的理解程度。這些方法不僅適用於練習期間提供的回饋，也可以應用在真實狀況中的表現。在此要探討的觀察（和回饋）指的則是後練習時期之中實際情境下的表現。

如果你是業務部門的副總裁，可以要求手下的銷售經理針對某特定技能練習以加強銷售話術，也許是將自家產品與競爭對手的相互比較，又或是以深信不疑的態度總結簡報。你可以就表現提出回饋後請銷售經理將回饋意見匯入整合，不過在後練習時期的真實情境裡，銷售經理必須向潛在客戶簡報和銷售，所以這時候你必須先就實際表現觀察之後，從練習時獨立出來的話術面向提供進一步回饋。

觀察重點如果放在近期練習的某項技巧，則有助於在後練習時期持續加強技能。若是希望有所成果，可以明確地針對練習的某項技巧先建立觀察工具或範本，如此在眞實情境中，回饋兩端的雙方也有脈絡可循。例如：如果在練習「強迫發言」這項常用於法學院（和其他表現優異的中小學）的教學技巧，教師會無視於學生是否舉手發言便點名作答，所以在後練習時期對於強迫發言的觀察就應該要著重其中格外關鍵的幾項技能，把重點放在技巧較精細的環節上，例如：何時點名學生（提問之前或之後）、是否在預期之中（學生是否因爲這堂課程中經常進行強迫發言，不再爲此吃驚緊張），以及是否爲鷹架式教學（問題由易入難地循序漸進）……領導者在觀察上掌握重點，不僅能確認教師是否成功發揮了強迫發言技巧，也能因此在回饋上更明確清楚地提供對於善用技巧的見解。

觀察時如果能針對某練習技巧的重點脈絡進行，便能更迅速有效地從基礎出發向前，在行爲上留下效果持久的影響。我們除了讓教師在實際教學前有機會練習強迫發言，也請領導者就該項技巧進行觀察。爲此我們會先請學校的領導階層觀看教師運用強迫發言技巧的影片以利練習，觀看當下領導者則掌握了一份觀察範本，其中列出了強迫發言進行順利的關鍵項目，他們能以此練習如何就這項技巧的次項目進行觀察。這種作法能確保不僅是教師練習了將應用於課堂上的技巧（即強迫發言），學校領導階層也在該項技巧落實於課堂之前練習了觀察要領和確認細項。爲了讓技能在後練習時期也能發揮黏力，不僅實踐技能的一方應該預先練習，領導者也應該練習如何就必須持久發揮的關鍵項目進行觀察。

實踐技能的一方若是能對於觀察要點透徹理解、有所預期，代表進入另一個觀察新境界：「今天我觀察你（教學、演奏、手術、簡報等，任擇一項）時會特別關注你（雙手接球時的姿勢、各個音是否清楚精準、是否及早糾正學生分心行爲、在縫合傷口時能否以正確手法縫合，以上擇其一）」，實踐的一方心中有預期標準，便會更主動積極地朝目標前進，對於觀察重點清楚明白能讓他們在實際上場時看到你便感受到所屬責任，你自然也無需表示人人都應該多嘗試新技巧，因爲欠缺責任歸屬的要求往往只像是虛應故事。觀察等於是以坦誠的方式提醒實踐技能的一方，你會在實際上場時針對之前的練習項目了解分析。

「觀察」對於非凡校群中的校長儼然已成爲固定的工作項目，所有教師對於主管於課堂上觀察練習的項目技巧都感到稀鬆平常（平均每個月三次）。觀察的主管常會以觀察工具清楚明確地逐項檢視，了解教師如何於課堂上展現練習習得的特定技能，因此雖然技巧應用的場合從練習轉移到眞實情境，依然能以高效率的方式就各項技巧提供回饋，而且也能（以正向支援的方式）賦予教師發揮所學的責任；畢竟，技能若是無法學以致用等於是白費工夫，眞槍實彈上場時如果欠缺實踐，技能便無法發揮黏力。對理想有所預期也讓雙方能齊心爲成功付出，如果能夠鼓勵主管和教師透過相互合作，秉持共同目標改善精進，教師將會因此更積極投入眞實情境中的練習。

這是個可以雙向操作的流程，在練習某項技能時應該也能於眞實情境中就此有所觀察和評量，觀察和評量某技能時，也應該要將此項目獨立出來進行練習。重要到値得評量的項目必定也値得練習，對於練習的項目要有所觀察並提供回饋，如果針對某些技能觀察和評量，自己也應該親身練習。練習活動結束之後，更應該於眞實狀況中針對練習的項目觀察評量。

上一章探討了如何在建立練習的文化時善用「設定目標」和「共同責任」，同樣的概念也能夠應用於後練習時期的觀察上，以符合團體或當事者目標的項目量身打造出觀察要項。練習之後應該要請當事者思索檢討（書面、面對面會談皆可）練習的成果，清楚總結有哪些技能項目應當加強。你的觀察可以運用對方明確設下的個人目標爲脈絡，如此等於提高了共同責任，對於組織目標和練習文化的穩固也都有所助益。

練習了一套技能之後，就應該透過觀察眞實表現中的重點要項來加強技能的發展，如此便能引發行爲改變而替新技能注入黏力，觀察各項技能應該成爲練習後的例行工作。

解鎖重點：

- 逐項練習之後，應該觀察真實情境下當事者的表現，針對練習的個別項目提供回饋。
- 針對符合練習項目的真實情境建立觀察工具。
- 主管在針對真實情境的表現狀況進行觀察之前，應該事先練習如何觀察細項技能。
- 評估真實情境中的某項技能表現之前，應該提供當事者練習該項目的機會。
- 請當事者於練習之後自我檢討並設定各項技能目標，觀察當事者真實上場時達成目標的狀況。

39 眞實登場，實境指導

如果沒有練習，當事者唯一能得到指導的學習機會就是眞槍實彈上場時。練習讓指導無需承受眞實情境下的高風險，網球界甚至規定專業選手不得在四大公開賽中接受指導，這項歷史悠久的規定使得網球相較於其他專業運動更爲獨樹一幟，保守分子固守著這樣非比尋常又充滿爭議的傳統，同時卻也有不少爭辯反對的聲浪，常有選手因爲疑似接受外部指導而違法規定，引起最多議論的莫過於二〇〇六年美國網球公開賽時，瑪麗亞．莎拉波娃的父親舉著香蕉提醒她要進食，此一行爲之所以觸犯了這條規定，是因爲網球一向被視爲極爲個人的運動，所以選手必須仰賴自身的技能和策略贏得比賽。不過這項規定從另一個面向來看也其來有自，因爲雖然比賽時的指導能帶來助益，但是比賽時若進行教學恐怕會造成分心而產生反效果，比賽時的指導應該僅止於反應練習時的教學。

美國知名教育學者李．坎特傳授了千百名教師如何有效運用策略管理班級，他在著作中分享了指導關鍵，坎特請教師配戴耳塞式耳機，方便在教學時接受他指導，雖然有些人對於這種新潮作法表示疑慮，不過坎特其實並未在教師教學時傳授任何新事物，只是根據他在練習期間對於教師的教導進一步指點而已。

坎特對於行爲管理的架構十分簡單——提供清楚的指令，點出正向行爲（迅速點出埋頭努力的學生，例如「傑瑞米正在安靜做事」），然後平靜堅定地糾正分心的學生。他將這些原則傳授給教師之後便請他們就此練習，之後坎特就直接前往教室指導教師。

坎特在教師教學時運用了耳塞式耳機（運用無線藍牙設備、耳機與教師聯繫）傳達三種簡單提示，提示全都呼應了教師練習過的幾項技能，可能是「清楚下指令」「提到喬許亞」或「糾正席安娜」，如此精簡指令便足以提醒教師之前在坎特的工作坊所學習和練習過的技能。關於這項作法的成效，麥可．葛斯坦的教育部落格中就引述了一名教師的心得：「不可思議。我知道，清清楚楚地知道自己去年才學過那一整套。不過學歸學，卻是等到李指導我如何面對著學生進行，我才茅塞頓開、完全發揮。」如此有別傳統的作法可能會引起年資較長的教師（或其他表現導向的專業人士）皺眉搖頭，但是坎特的方法之所以奏效是因爲他並未在教師教學時傳授任何新技巧，只是請教師事先練習，等到教師上場教學時在一旁盡情重點指導，這就是簡明扼要的架構。

同樣的概念若是應用在其他場合，效果會如何呢？

以許多領導者必須克服的挑戰——「公開演講」爲例。

大家都知道，美國民衆表示自己最大的恐懼就是公開演講，甚至比面對死亡還感到憂慮。克服恐懼的上上策就是準備和練習，許多人認爲只要在鏡子前面或空無一人的房間練習演講便足夠，甚至有時候只是輕聲逐字念出講稿。任何形式的練習當然都聊勝於無，不過練習公開演講或簡報（也就是克服恐懼）的最佳方式就是眞眞切切地站在群衆面前，以眞實上場時相同的方式演講簡報（請參考之前的法則）。就算觀衆只有一人，也務必在他人面前練習，不過就理想的狀況而言，協助練習的觀衆最好在你正式上場時也會出席聆聽。

我們在爲籌備教師和校長的工作坊進行練習時，便會相互聽取簡報並提供回饋，就傳達的內容和表達方式相互指導協助，在工作坊期間（也就是後練習時期）便能以練習時期得到的指導和回饋爲基礎精進發展。在我們的工作坊中常可見工作人員在教室後方以非言語暗號提醒簡報者（我們通常以二到三人爲一組，視工作分量輪流簡報），例如：愛麗卡爲了能掌握全局，正在學習如何放慢講話速度、改善站姿，以及減少在教室內走動的頻率好掌握全局，我們在練習期間便會針對這些項目建立暗號，方便於工作坊期間以暗號提醒擔任主持人的同事，對方就能輕鬆融會貫通，不會干擾進行中的內容或對方當下的工作。若是缺乏事前準備則可能進行起來困難重重，使得工作坊在傳授教學技能時受到干擾和負面影響。

當事者眞正上場時就不應再傳授新技能了，否則只會對比賽或表現造成干擾。眞實賽事中的指導，應該僅在提醒當事者之前練習過的重點。

解鎖重點：

・真實登場（後練習時期）時，應該僅就當事者練習過的面向進行指導。

40 發展共同語言，精進新技能

在棒球賽中常見一壘和三壘的教練迅速無暢地和球員及其他教練高效率溝通，其他教練則以手勢暗號精準地告知打擊手和跑壘員如何行動，可能是打手勢暗示球員該盜壘、觸擊或離壘遠一點、打出犧牲打或故意不揮棒等許多其他策略，這一切完全無需言語。棒球賽若是少了這些教練和球員之間共通的語言，恐怕就難順利贏得比賽，得分會少一些、盜壘、犧牲打等的表現也會遜色不少，所以**對於努力練習的團隊和組織而言，擁有共同語言也是重要關鍵**。

誠如之前的法則所提到的，當事者透過練習，熟習了新技巧之後務必要加以命名，才能清楚自己習得的內容。

道格的兒子因爲踢足球而知道各式術語，如V形切入、克魯伊夫轉身、腳底拉球轉身等，因此能和教練迅速確認項目練習技巧，並且也能清楚溝通比賽時技巧運用的狀況

（或可以如何改善），正因如此他也能依據平日練習得熟能生巧的技能於比賽期間接受教練指導。同理，外科醫師也十分熟悉各種縫合方法，包括單純間斷縫合、連續縫合、水平褥式縫合等，其中牽涉的多種手法術語因爲有了共識，醫師之間才能彼此討論並快速有效地精進技能，從各個面向要素中達成共識。如果欠缺了名稱，多種手法和技能最終便會淪爲一團混亂。技能、技巧、策略和方法的命名等於賦予了這些項目靈魂，讓它們能活躍於足球場、董事會、課堂、甚至自家客廳。**練習時若使用共同的語言精進技能，於後練習時期持續善用，技能便能持久發揮**。

練習期間建立起共同語言之後，重要的是要盡可能運用多種方式持續探討練習項目。例如：同事之間可能會隨口談起「我想了想我們對於行銷策略的練習，覺得應該可以把替客戶規畫的產品行銷圖像化。」也可能有校長會在發送給全體教職員的電子郵件中，點出已經落實新技巧的教師，「我今天觀摩了希拉蕊的教學，注意到她運用了精準讚賞的技巧。她根據學生座位分布爲策略，挑選出學生給予讚賞，就此我也有所收穫。每一組都有學生因爲作品的某個面向被稱讚，等於全班都有值得學習的對象。」**在後練習時期使用共同語言能加強先前練習過的技能，進而使其成爲重點**。

所謂的交易成本指的是爲了執行某種交換而必須付出的資源，可適用於經濟、言語或其他領域。**發展共同語言不僅能降低同儕討論**（例如外科醫師之間）**的交易成本，也有助於領導者和追隨者的討論**（父和子、教練和球員、主管和下屬），此外，既然有共通的語言，自然也能建立起專屬文化。以一壘教練爲例，因爲打擊手和跑壘者毫無時間討論手法和策略，所以盡可能降低交易成本便是關鍵，他們必須想辦法在投手出球前於不到五秒鐘的時間溝通完畢。降低交易成本的重要道理應當也可以沿用於所有背負營利壓力的組織，畢竟時間就是金錢。降低練習時的交易成本有助於將投注的時間效率最大化，同理也應該落實於後練習時期，在這個階段擁有共同的語言便能事半功倍地讓技能效果持久不減。

紐約市排行第一的中學威廉博格特許學校，在一次培訓中請全體教職員一同讀了一部分由比爾．薛爾所著的《天主教架語：用回歸法來改變生活》（*The Cathedral Within*）內文。當時威廉博格特許學校的教師和領導層級一直在討論如何幫助校內屢屢受挫的學生面對挑戰，整個學年下來也常回歸到書中的理念，即薛爾筆下的「做一些有意義的事，不僅是帶來改變，還要影響深遠。」威廉博格的教師或領導層級在談到本書時立刻就會想到自身工作的重要和影響，因此哪怕面臨艱鉅挑戰也能昂頭挺胸地奮力堅持。

除了共同秉持著上述天主教徒的信念，校內教師也持續發展專屬的共同語言，校長茱莉・甘迺迪分享了其中一個重要詞語是如何由該校某位教師發展而來：

「我們去年又發展出一個叫做『凱斯曼噴泉理論』的共同語詞。本校一位名爲莎拉・凱斯曼的新進教師當時談到了學校的例行事務其實極具影響，讓他想到了暑假旅遊時看過的間歇泉多麼有噴發力，也就是只要持續默默加強落實，就會看見之前難以想像的高度成效。我們便將此稱爲『凱斯曼噴泉理論』，一整個學年中每次談到這個概念就以此爲稱呼！」

威廉博格的共同語言一開始是由領導階層推動的，爲了有所改變、鼓舞激勵及產生共鳴所以構想出了幾個詞，不過共同語言的魔力也征服了教師，讓他們發現共同語詞在教學上的深遠助益。共同的語彙不僅提升了教學討論的效率，還在教師間建立起深厚的文化，這正是該校的成功關鍵之一。如果教師能以共同的語言朝一致的目標齊心邁進，學生便能有所成就。

二〇一〇年時，該校的八年級學生中有百分之七十在英文測驗中取得特優或優的成績，相較之下紐約市八年級學生的平均只有百分之三十八達到此水準；二〇〇九年時該校學生在數學測驗上百分之百都達到特優或優，而全紐約市的平均只有百分之七十一・

三。由此可見共同語言的力量不容小看，善加運用便能讓練習之後的概念和技巧都黏力持久。

《華爾街日報》之前的社論專欄刊出了籃球教練麥克·克列斯基的文章，他曾領軍杜克大學男子籃球校隊奪下四次全美大學男子籃球錦標賽的冠軍寶座，並有十一回都打進前四強（在大學籃球歷史上的表現霸稱第二）。他寫道：「我相信教練工作著重的籃球技巧和溝通要領等同輕重，字句斟酌得當對於比賽結果的影響絕不遜於挑選球員上場和攻守等策略。」他還提到如何以生動似真的故事激勵球員相信自己，常以朋友、家人和歷年球隊前輩的故事說明意志力、可靠度和勇氣的重要。這些故事讓球員感受到連結並激勵出亮眼成績。

克列斯基表示：「說故事的人若是能讓聽眾產生連結，等於找到了共通點，從此開始不只是語言字面上的溝通，而是一同感悟其中意義。」**話語是能激勵人心的教學工具，讓你能透過練習傳授新內容，團隊上場比賽時也能因共同語言而降低溝通成本**。共同語言能讓人贏得比賽、激勵教師、成功盜壘以及凝聚向心力，即使練習時間相隔久遠，成效依舊能持久發揮。

解鎖重點：

- 就技能逐項命名，並於後練習時期運用這些名稱討論技能項目和相關應用。

41 教練在「支援」和「要求」間的巧妙平衡

眞實上場，等於宣告了練習機會的（暫時）結束，伴隨而來的是更高更大的風險。眞實情境下的失誤，再也不是無傷大雅的小事，這時候教練必須支持球員和當事者，協助他們不停向前衝刺，同時面對每一場的關鍵表現抱持迫切態度，繼續要求當事者表現精湛。

非凡校群中的教師在每個新學年開始前的三週都會回來參加專業訓練。期間，我們會投注大量時間於練習——模擬教學、參與細部練習、以角色扮演練習與家長溝通，或是練習如何將同事的回饋融入教案。每回暑期訓練結束、學期正式開始時，教師和領導階層之間的關係似乎都有些微變化，先前滿是熱忱、活力充沛的團隊在緊湊的暑期練習結束之後，面臨的是驟然升高的責任風險，眞得踏入教室面對眞實的學生，一想到這份累人的工作便備感壓力。「練習」在這種時刻更扮演了舉足輕重的角色。進行練習時針對錯誤應該要毫不批判和抨擊，雖然教師面對著回饋意見的提供和落實，卻應該依然感到自在安然，畢竟還不需要面對三十位活蹦亂跳的幼稚園學生，也還沒有堆積如山的作業要改或待評量的試卷。然而之所以在新學年開始前事先練習，目標就在建立共識，讓全體教職員了解等到眞正上場就得有效運作。

領導者的責任中頗爲艱難卻重要的工作便是**評量**，例如：必須告訴球員他們能力是否理想，能否上場還是只能坐冷板凳，也必須告知對方應該加強哪些細部項目以求成長進步。領導者在一開始便應該在同時兼顧這些責任時力求透明化，**毫無評量就一味提供協助，將不可能引導人進步**。

好幾年前，凱蒂還沒有加入非凡校群，當時她的學校中有位教師的教學狀況不佳，她對該名教師提供了較爲嚴厲的回饋，並希望知道對方有何想法，這名教師回答：「開除我以前，別忘了先警告一聲。」凱蒂回憶起當時的情境，發現自己拿捏不夠得當，因爲她的評語是：「我得下工夫指導你一番。」凱蒂眞希望自己當時能在支援和要求間斟酌得當，例如：「我希望你能教學成功，所以一定會盡全力從旁協助。我沒有要請你離開學校，雖然也可能有這麼一天，不過在說什麼開除之前，先讓我們繼續努力練習。」這樣的評語技能表達支持，同時也點出了自己終究有評鑑責任，因此如果教學狀況依舊毫無起色，恐怕會使凱蒂採取必要作法。凱蒂對教師伸出援手不代表教師無需對學生教育負責，正好說明了支援和要求之間的平衡拿捏。

深諳巧妙平衡的領導者會有原則地對於勤奮努力表示肯定、給予獎勵，同時也懂得在當事者未能達到要求時提供明確回饋，必要時也會透過溝通表達事情的急迫。對表現有所要求時，如果能和組織理想相互呼應會有所助益，同時也應該從一開始便對於各項要求標準說明清楚，同一套標準也應該套用在練習和實際情況中，另外，對於自己教練兼評審的角色也應該具體透明。

該如何在兩者間取得平衡以確保練習發揮黏力呢？以第四章中蘇珊和大衛的互動爲例，蘇珊常常只將大衛的回饋視爲「意見」而非必須執行的「建議」，兩人之間的關係不佳可追溯到大衛沒有善盡領導的責任，因爲他未能清楚表達回饋（以及自己身爲主管的角色），並未要求蘇珊以下屬的身分接受回饋、加強執行，大衛既然希望有所改變以提升表現，就不能任由回饋被蘇珊解讀爲單純的建議。如果能在支援和要求之間平衡得宜，除了能提升表現還有助於雙方的關係經營，球員和員工都會更清楚自己在表現上有何預期要求，也能更明白教練或主管在培訓指導時的角色定位。

解鎖重點：

- 一旦進入真實狀況（後練習時期）就應該讓評量責任清楚無虞。
- 獎勵努力的同時，也應該在需要改善時傳達出急迫性。
- 進入後練習時期，提供的回饋就不該僅是有所助益的意見，而是改善表現的必要項目。

42 以數據評量成果

外科醫生葛文德在著作《醫師的精進》（*Better*）中分享了維珍妮亞．阿普伽的故事，她發展出的「阿普伽新生兒評分」能夠迅速簡單地評估新生兒的健康，對於降低新生兒死亡率是一大功臣。一九三〇年代，每三十個孩子中就有一位於出生時猝死，這樣的數據和前一百年相較毫無改善。此評量方式的出現，使得醫護人員從嬰兒出生那一刻起便能迅速有效地評估其健康，這套評量方式依然沿用至今日。嬰兒的膚色轉變、脈搏、反射動作、肌肉狀態和每分鐘的呼吸次數都會在出生時及五分鐘之後測量，這套簡易的評量讓醫師能夠有系統地蒐集之前未被採用的各項資訊。

葛文德對於阿普伽新生兒評分的影響敘述如下：「透過評量分數，新生兒的狀態從印象般的抽象醫學概念轉化為可供蒐集比較的數字。此評量方式使得醫護人員對於每個新生兒的狀態觀察和記錄都更為仔細……很快地，醫界便明白出生一分鐘的嬰兒如果在阿普伽新生兒評分上顯得狀況危及，只要善加運用氧氣和提高溫度等，在五分鐘後的測量時便會有顯著的改善。新生兒加護病房的產生可說拜這套評量方式所賜，新生兒照護的管理也因此改善提升。」

此評量方式從一九五三年問世之後拯救了數以百萬的嬰孩性命。**評量能帶來成果，這個概念可應用在教室、手術室、籃球場上和董事會等**。因此練習之後就要在後練習時期評量其成效，評量要項有二：

❶**練習的成效**——練習是否能反映在實際表現上？

❷**練習項目是否正確**——練習的項目是否有助提升表現？

一般教練在比賽期間會以敘事方式觀賽，回憶賽局時的印象也著重於整體，例如：「打得不錯」「團隊合作有漏洞」「防守出了問題」。不過教練如果希望能夠對症下藥，**觀賽**（或是教學、手術、銷售話術等任何表現）**時應該是一連串的數據流程，放下主觀評量球隊表現的方式，改以特定數據來檢討練習的技能**，好比有多少球員延著對角線跑（如果這是練習的項目）？多少教師在學生未能百分之百專心時會要求重新來過？某項銷售策略促成生意的次數為何？

從後練習時期的實際表現蒐集數據並加以衡量，有助於評量自身規畫練習的能力。第二章中提過的高中籃球教練比爾．瑞斯勒就十分執著於分析球賽影片，藉此確認球員必須在練習時加強哪些確切技能，這些從後練習時期蒐集到的表現數據等於在告知他接下來應該著重哪方面的練習，因此能依照球員在場上運用技能的表現量身打造練習，進而確保每一位球員的各項技能都黏力持久，一旦技能失去黏力，他便會評估分析其原因，方便之後調整練習。

《王牌教師的教學力》一書的主軸爲道格和教師的教學合作，他曾在談到這本著作時謙虛地表示，自己唯一能確定的就是其中必定有些錯誤，也許他當時正全神貫注於教師的某個教學面向，也許是清楚發號指令（「怎麼做」）的能力，然而眞正在課堂上掀起改變的可能是教師的其他行爲。由於我們在訓練教師時會採用書中的教學技巧，所以也開始運用數據資料衡量這些技巧究竟如何影響了學生反映在數據上的表現。運用這些技巧訓練教師也促使我們爲了了解成效而自我提問：學生的表現數據有所改變是訓練的成果嗎？我們深信的教學技巧是否因爲提升了教學效果而進一步改善了學生的表現？哪一些技巧對於學生的學業成績幫助最大？提出這些問題除了能衡量結果，也同時在加強成效，因爲我們在回答的同時也會參考蒐集來的數據，替講求練習的工作坊進行內容調

解鎖重點：

- 將實際表現化為一系列的數據，就此評量練習成效並以此規畫未來的練習。
- 運用實際表現的數據判定練習的成效，並確認自己的練習項目是否「正確」。
- 運用多種方式取得數據資料（自我檢討、觀察和評量、表現矩陣）。

後練習時期的追蹤工作，對於練習是否能發揮持久黏力扮演了關鍵角色。本章開頭提到的新品牌行銷公司究竟犯下了哪些錯誤，才造成技能在練習之後效果無法持續？問題出在「缺乏觀察」，這等於在告訴員工「練習的技能不受重視」，否則怎麼會毫無觀察或評量呢？領導階層（以及由上到下帶動的影響）未能持續使用練習時發展出的共同語言，因而導致各項技能和法則無法成爲對話中的核心要項；最後一個問題則出在領導階層並未設法衡量練習的影響。欠缺了這些關鍵行動自然勝算不高。

如果能善用本章闡述的方法，將練習活動融入人才訓練，便能於後練習時期有效掌握成效，確保技能持需發揮黏力、成功改變行爲。

附錄

A

《王牌教師的教學力》教學技巧

我們引用了許多教學技巧貫徹全書，這些都出自道格所著的《王牌教師的教學力》，一部分作爲我們成功訓練教師的實例敘述，另一部分則做爲練習應用的示範。以下簡述七項技巧供讀者方便參考。

一、有力之聲：

「強而有力之聲」有助於教師（和教練）模仿擅於「掌控全場」的教師，學習如何在多數人沒輒的吵鬧混亂中建立秩序，而且在發出指令之後，哪怕是上課分心（或無心聽講）的人也都會專心投入。

發揮「有力之聲」的教師會運用五種原則建立權威：

■**語言精簡洗練**：通常文字越精簡力道就越強，多話可能代表了緊張和猶豫不決，字字小心篩選則能傳達自己有備而來和目標明確。感到緊張時更得費心斬除所有無關的贅字，改採用簡單的句法結構一針見血地切入重點，如此關鍵重點才不至於被次要項目模糊了焦點。記得確認對方是否將指令確切落實，必須採取公事公辦的態度時，在快、狠、準之餘也要懂得點到爲止。

■**全場只有一個聲音**：要讓大家學會重視你的每字每句就要等到沒有其他人說話時才開始發言。想避免聽者注意力不集中的情形，就得讓對方清楚聆聽並非一種隨機選擇。想達成這個目標有時候可能需要「自我打斷」，也就是開始說話之後在某個特定或不自然的點暫停，表達自己唯有得到完全的注意力才會繼續說話。

例如，教師計畫對全班下的指令可能是：「各位同學，現在請把資料夾拿出來，才能正確寫下今天的各項作業。」如果學生沒有認眞專心，這時候教師可以選擇某個明顯要處自我打斷，沉默幾秒鐘之後再繼續下指令：「各位同學，現在請把……」如果嘰嘰喳喳的講話聲和分心狀況依然存在，教師可能要再次自我打斷，不過這一回要少掉指令：「各位同學，現在……」自我打斷的時候教師可以靜止不動地佇立著，讓全班明白唯有大家都全神貫注，教師才可能繼續說話。

■**不加入新的主題**：一旦決定了主題，在對於解決問題感到滿意之前都不應該加入新主題，這一點在糾正行爲上格外重要。

假設大衛一直踢瑪格麗特的椅子，你可以說：「大衛，請把腳從瑪格麗特的椅子邊移開。」大衛回答：「是她在推我耶！」或「她自己一直越線的！」許多教師可能會被模糊了焦點而納入新主題：「瑪格麗特，你剛剛有這樣嗎？」或甚至表示：「瑪格麗特剛剛的行爲並不是重點。」以上都是在教師在回應大衛選擇的主題，反而未能讓大衛投入於一開始的糾正項目。較爲理想的回應方式是「大衛，我剛剛請你把腳從瑪格麗特的椅子邊移開。」或「請你現在聽從指令，把腳從瑪格麗特的椅子邊移開。」如此等於清楚呼應了對話重點，同時也傳達了糾正行爲的要求。

上述情形中的大衛也可能說：「我根本什麼都沒做！」就此最聰明的策略還是對於大衛的發言冷處理，畢竟如果教師對於是眞是假抱持懷疑，應該就不會指正學生，所以理想的回應方式就是：「我請你把腳移開瑪格麗特的椅子，你照做之後就不必多說什麼了。」

進行訓練指導時，也可能在下了指令之後有學員就其他主題發問，例如：「是不是就像快攻練習？」回答「嗯，有一點像，不過我們要加強的是別的項目」或甚至「沒錯。」都並非理想作法，應該要稍微停頓並將指頭放在嘴唇上，然後接著繼續發言。下指令時若是接受干擾，反而等於變相鼓勵他人妨礙你日後發號指令，如此只會使得指令無法明確清楚而且有損於成效。

■**抬頭挺胸/佇立不動**：人每次發言的同時都在運用語言和肢體表情傳達訊息。肢體語言可能說明了自己期待對方遵從指令，所以如果想表達自己對於所發號的指令認眞看待，就應該要雙腳直立、抬頭挺胸，以正面站姿向對象發號指令，同時也要有直接的眼神接觸，不是挺直站立就是身體向前朝對方靠攏（這麼做反而顯示了自己既不害羞也不害怕，就像人若是怕被咬就不會蹲下靠近狗），要溝通的學生若是保持距離，你反而要向前拉近距離。

發號指令之後如果希望學生能遵守，就要靜止不動而且同時不進行其他項目。如果在發講義的同時一邊下指令，等於在表示指令其實不太重要，畢竟教師自己都在一心二用了。有時候甚至可以借助較爲正式的站姿，例如將雙手置於身後以表示對於自己所言愼重認眞，讓學生明白一字一句都極爲鄭重且有其原因。

■**沉靜的力量**：一般教師如果因爲擔心學生不遵從指令而感到緊張，覺得自己漸漸失去了掌控權，常見的本能反應是提高音量和加快速度，但是說話越是大聲、越是快速，其實只是表現出自己緊張、恐懼和失去掌控，等於只是暴露出這些感受，而且像是告訴學生他們能左右你和情緒，因爲他們讓你感到焦慮心煩，所以你才會如此大張旗鼓地「娛樂」他們，而無法鎮靜地批改作業或進行幾何教學。諷刺的是，教師如果拉高嗓門只會使得教室更爲吵鬧，反而給了學生竊竊私語的機會。

雖然放慢速度和減低音量可能不是一般人對於掌控場面的直覺作法，但是請試著壓低音量讓學生必須費力傾聽，保持從容和平靜才是上策。

二、百分之百：

學生在課堂上遵從指令的理想比例——百分之百。

雖然乍聽之下可能遙不可及，但是如果技巧拿捏得當，卻的確實際可行，而在王牌教師的課堂上遵從的文化不僅正向，更重要的是實踐起來絲毫不著痕跡。王牌教師之所以能達到百分之百的遵從率可歸功於以下三項原則的應用。

❶採用最溫和的介入方式

達到百分之百遵從率的目標是爲了教學順利，如果爲了讓學生服從而時時刻刻耗費時間介入，反而會造成惡性循環。課堂三不五時被打斷等於打斷了每個人的注意力，干擾了原本專心聽講的學生，最後反倒使得分心的學生人數增加。理想的解決方法應該是在不停止教學的狀況下糾正學生，或是盡可能快速地暫停課程並且盡力不偏離教學內容，在此以介入的強度爲排序介紹六種介入方式，建議盡可能以前幾項方式爲目標：

■**非語言糾正**：在教學或進行其他事項的同時，以表情或眼神指示分心的學生，例如：可能一邊講課一邊指示學生將手放下。

■**正向團體糾正**：以言語迅速提醒全班應該盡的本分（而非不應該表現的言行），例如：「我們就上次的進度繼續下去」「請注意講者」。一旦學生開始有分心跡象就可以運用這項作法及早糾正。

■**匿名個人糾正**：以言語迅速提醒班級學生，類似上述正向團體糾正的作法，差別在於匿名個人糾正會特別指出並非全班都在專心聽課，例如：「還有兩個人心不在焉。」「有幾位同學應該專注看著講者。」

■**私下個人糾正**：如果必須指名道姓地糾正，應該以私下低聲的方式進行。走到分心的學生身邊，低身靠近學生的同時，以盡可能保留隱私的音量快速平靜地告訴對方如何改正，然後再改變談話方向。例如：「昆汀，我請每個人都注意我，請你照做。」

■**極速公開糾正**：私下糾正未必時時可行，進行極速公開糾正的目標應該是：一、盡可能減少學生因為負面言行在「鎂光燈下」的時間。二、將重點放在告知學生如何改正，而不在指責或分析其錯誤言行。例如：「昆汀，請看著我。最後一排的同學注意力很集中！」

■**適時懲處**：如果沒有懲處就難以迅速順利地化解某個情形，懲處也不應該干擾教學。正如同其他介入作法，懲處應該迅速進行，同時盡可能溫和且不情緒化。在理想的狀況下，教師應該有不同程度的懲處方式可以選擇，運用符合情境的方式迅速果決地執行。

❷堅定溫和的技巧拿捏

■**及早發現**：王牌教師能夠及早注意到學生分心，例如會在學生還沒開始眼神四處亂飄、還沒完全掉進分心的深洞之前。

■**「感謝」是最有力的話語**：在學生完成指派的工作之後說聲「謝謝你」不僅表達禮貌，也等於在向全班強調該名學生完成了自己要求（否則何必感謝他們？）如此讓遵從成爲常態的同時也顯得教師本身冷靜、講理，而且握有主控權。

■**強調「目標」而非「權力」**：達到高遵從率是種目標導向的練習，重點不在權力掌控。學生之所以必須遵從指令是因爲如此才更可能學習順利，所以他們的反應只是一種方法途徑而非最終目標。「看著我，這樣才能好好學習」的效果就勝過

「看著我。學生本來就應該遵從老師的要求。」

■**集體的語言**：王牌教師很講究集體要求，所以可能會表示：「請每個人都端正坐好」「我們大家都要端正坐好」這樣的理想說法比起「崔佛，請看著我」更強調集體性。

❸強調可見的遵從行爲

■**設法將可見的行爲最大化**：請學生進行可見度高的行爲有助於教師察覺哪些學生遵守了指令。要求學生「專心地看」勝過請他們「專心」，因爲如此可以看見誰的眼神專注，而且請學生「放下筆、專心看」又更理想，因爲如此就可以透過兩個動作辨識，請學生放下筆之所以勝過光請他們集中目光，是因爲教師光以眼神一掃便能知道學生是否聽從指令放下了筆。

■**將視察表現得一清二楚**：請學生遵從指令時，就應該要視察學生的遵從狀況，而且得表現得一清二楚。每幾分鐘就應該要面容平靜、帶著微笑地掃視全班來確保發展順利。發出指令時也務必記得稍微停頓並以目光看著全體學生，注視的同時可以表示「謝謝彼得，謝謝梅麗莎。前排的同學請看著我。」提出要求後，得記得同時看看哪些學生已經做到和每位學生的遵從狀態，務必要顯現出自己身上的「雷達」。

■**避免及格邊緣的遵從**：教師不應該僅要求學生遵從要求，重點應該是動作要正確。有一些學生偏偏就是只有在教師示範標準動作後才能完全配合，這些孩子可能會對於「看著我」的指令本著研究精神，是要看著老師哪裡？看一秒鐘算不算？還是只要老師在講話就要緊盯著看？這三種詮釋可有著天壤之別。

三、強迫發言：

強迫發言就是無論學生是否舉手，教師都點名要求發言。

教師先提問，再就希望回答的學生點名發言，學生如果察覺教師經常點名未舉手的學生發言，久而久之便會因爲習慣而有所準備。無論學生是否舉手都點名要求發言，這項作法對於教學能產生幾項關鍵助益。

首先，這種作法能協助教師更有效率和系統地掌握學生的理解狀況。無論學生是否表示發言意願，教師都應該要能時時刻刻掌握所有學生的熟習程度，未舉手的學生對於課程的理解程度其實更應該是教師留意的重點。教師可以運用強迫發言的技巧針對特定學生評估學習狀況，這項技巧能加深常態，學生習慣了教師提問或鼓勵參與，自然會因此常態而認眞誠實地作答，如此教師對於學生理解狀態的掌握便更爲準確。這當然也意味著，既然強迫發言對於掌握學生的理解狀況是關鍵作法，如果在用來了解學生學習狀況之前就善用此技巧，便會使得效果加成，所以應該要設定目標，將這種作法成爲課堂本屬的常態，同時借此引發參與動力。

第二個好處在於強迫發言能加快速度，有助於提升教學節奏和課程進度這兩大關鍵面向。如果想要了解其助益，建議各位有時候可以將自己的教學錄音，用碼錶記錄自己每次等學生主動發言得花多少時間（包含又是鼓勵、又是說盡好話的種種要求方式）。使用強迫發言代表只要提問「誰可以告訴我引發第一次世界大戰的導火線爲何？」就不用一等再等，不用盯著全班苦等學生舉手，也不用提供線索作爲鼓勵或是苦口婆心地希望學生多多主動發言，也不必再說：「又是同樣四個人舉手，其他人也可以發言啊。難道沒有別人知道答案嗎？」使用強迫發言的你只要說：「引發第一次世界大戰的導火線爲何？（稍作停頓）戴倫，請回答。」善用這項教學技巧後你會發現自己能更有效率地掌握更多的教學內容，以往因爲無人發言而沉悶挫敗的心情也會煙消雲散，這兩點都能加快教學節奏，教師替課堂設定的教學節奏也是影響學生參與度高低的關鍵要素。

第三項助益則是讓回覆問題的範疇分布得更廣，不僅示意著學生要因爲可能被點名而必須更認眞聽課，同時也在表達教師希望聽到他們的聲音、在意他們的看法。許多學生其實對於課堂能夠有所貢獻，只不過需要他人稍施壓力或有所要求，這些孩子常懷疑別人是否在乎自己的想法；也可能因爲同學查理總是高舉著手，他們乾脆就把想法藏在心底；也有可能這些學生的想法看似前衛但是其實具有價值，讓他們話到了嘴邊卻不確定該如何出聲表達。這樣的學生有時候甚至會對於你投以「我該發言嗎？」的眼神，或一臉「雖然我的回答可能聽來離譜，不過還是請老師點我發言吧。」許多人誤將強迫發言視爲咄咄逼人的高壓作法，不過只要看過王牌教師運用強迫發言的技巧，就會知道事實並非如此。其實這項技巧只要使用得當，反而是強而有力的正向利器，能幫助教師和想發言但不願舉手的孩子建立聯結，等於在告訴孩子，就算在十二次提問中同學查理就舉手了十次想發言，「老師就是想要聽聽你的想法。」

要成功發揮這項技巧必須掌握幾項關鍵原則：

■**強迫發言要讓人有所預期**。教師點名學生發言之前就希望學生能專注認眞，所以應該要讓強迫發言在預期之中，如果學生知道教師可能會點名發言，有助於提升技巧的作用。頻繁習慣地使用強迫發言，讓學生有所準備。

■**強迫發言要有系統地進行**，無論學生的行爲表現如何或有其他因素，都一視同仁地實施，多多點名不同學生能讓這項技巧平均地在課堂上發揮作用。在言語上避免讓學生誤認教師點名的對象和其個人言行有關。

■**保持強迫發言的正向力**。強迫發言絕對不能淪爲「你看，被我逮到了」的藉口。應該是眞誠地請學生參與討論，切記目標應該是要幫助學生正確理解教學內容。

■**建議在使用強迫發言時，將比較複雜的問題拆解成較小的子題一一提問**。相較於請單一學生回答單一問題，例如「大衛，你認爲引發南北戰爭的最大主因是什麼，背後原因爲何？」其實可以拆解成六個以上的問題，給予多位學生發言機會：「大衛，作者提出了幾項南北戰爭爆發的主因？泰倫，請說出一項原因。莎拉，請說出另一個原因。傑森，最後一個原因爲何？卡森，你認爲哪一項是主因？蜜潔拉，你贊同嗎，爲什麼？」

四、堅持正確：

教師在課堂上回答問題時應該以高標準要求正確度，以百分之百正確為目標。學生在聽到「對」（或「沒錯」等類似回應）時往往就不再努力，所以教師應該只有在完全正確時表示「對」。因為學生信任老師，所以教師更不應該在告知對錯時誤導學生，讓他們誤判自身能力。

許多教師在教學時聽到學生提出幾乎正確的答案時（假設四分之三正確）會施以「差不多」作法，也就是儘管學生的答覆不盡完整、或可能並未掌握重點，都會先肯定學生的答案再補充細節，使得答案圓滿正確。例如：學生被問到《羅蜜歐與茱麗葉》中卡布雷家族和蒙特鳩家族的關係時，如果表示：「他們看對方不順眼。」理想上，教師面對這種答案應該要先要求學生進一步說明才予以肯定。教師若是說：「對，他們看對方不順眼，而且這樣的世仇關係已經存在好幾代了。」就是所謂的「差不多」，有時候教師甚至會一廂情願地以差不多作法讚賞學生，好似學生的確提供了更多資訊一樣：「對，凱莉的意思是這兩個家族看對方不順眼，而且長期怨恨累積成了世仇。凱莉回答得很好。」無論教師採取的是哪一種作法，都已經在教學上降低了「正確」的門檻，在學生其實回答不盡理想時還大力讚揚其正確度。

如果答案只對了四分之三，教師就應當告訴學生快接近百分之百了，肯定學生當下的努力，鼓勵他們追求標準答案的同時，告知他們表現不錯、方向正確。你可以向學生重述他剛剛提出的答案，鼓勵學生思考其中欠缺的細節以朝正確邁進（例如「你說卡布雷和蒙特鳩處不好……」）；或是稍作停頓、稍微提示、鼓勵打氣等其他方式指引加強方向，引導學生一步步找出正確答案（例如：凱莉，你說卡布雷和蒙特鳩兩家族「處不來」，他們之間的關係眞的只是處不來嗎？這樣的傷痕又如何說明了雙方關係呢？）如此引導學生，直到他們的答案能正確到宛如大學入學考試中的標準答案。

我們身爲教師雖然會捍衛標準答案和堅持正確度，但是有時候卻會無意間在四種情境之下動搖，以下分享「堅持正確」教學技巧中的四種分類：

■**堅持到底**：王牌教師會稱讚學生努力，但是絕不會將努力和表現混爲一談。如果答案無誤卻有所缺失，教師應該就此清楚點出，「除了一點之外都回答正確」這樣的評論應該加以避免，如果請學生替名詞下定義時得到的答案是「某個人、地或事物」，就不應該幫倒忙地忽略答案的不完整（名詞可能是某個人、地、事物或概念）。

■回答我的問題：學生很快地就在學校學會，不知道正確解答時，如果提出不同的答案或是眞心誠懇地借題發揮到生活上，通常也能夠僥倖過關。如果無法辨識故事的背景，就談談作品之中不公義的主題：「這讓我想到我家社區最近……」就算學生明明應該要回答有關背景的問題，多數教師也無法拒絕學生關於公義的發言，時間久了學生自然也會意識到這一點。

善用堅持正確技巧的教師卻知道，除了針對問題提出的正確解答之外，其他答案都是錯的，所以應該堅持學生就問題回答，不應該接受學生任意離題或混淆主題。面對這種情形你可以表示：「這個我們過幾分鐘再談，丹妮亞拉。現在請先回答背景的問題。」

學生離題回答的另一種可能情境是將與主題相關的兩種資訊混爲一談。你請他們下定義，他們卻舉了例子；你請他們闡述概念，他們卻提出解決之道。如果仔細聽聽學生的回答，就會發現這樣顚倒的情形恐怕超出預期。如果請學生下定義卻得到例子，教師可以說：「詹姆斯，這是舉例，我想要聽定義。」畢竟，明白例子和定義之間的差異十分重要。

■對的時機才有對的答案：教師如果還未能按部就班引導說明就接受學生回答，等於是剝奪了班上其他學生了解全盤過程的權利。課程的進度迅速超前乍聽之下也許是好事一件，但是其實不然。教導出學生能重複運作的過程遠比交代問題的答案更爲重要，所以若是有學生想儘快達到目標而提出答案，教師卻對此正向回應，等於對於全班有失公平。教師可以說：「我沒有問解答，而是問下一步怎麼進行。請回答下一個步驟是什麼。」

又例如你問學生某一章開頭的某個角色有何行爲動機，就不應該任由學生提出或討論任何有關該章節戲劇性的結尾，就連稍微提到也應該避免。如果一開始的討論有助於理解之後的結局發展，這樣的堅持就更爲重要。若是直接跳到結尾也眞的能了解主題，教師就應該問問自己爲什麼要先從某一章開始教學，答案很可能在於其重要性，如此更說明爲了保護課程的完整，不應該在時機未成熟時就因爲精采的「正確」答案而省略流程。

■**使用專業語彙**：優秀的教師懂得如何利用學生熟悉的語彙順利引導出正確的答案（「體積就是某個東西的大小」）；王牌教師則深諳善用專業語彙的技巧（「體積就是某個物件所占的空間」）。這麼做不但可以增加學生的字彙，還有助於學生預先熟悉大學時期將受用的詞彙。

五、怎麼做：

王牌教師認爲學生不遵從指令的部分原因在於誤解了指令、不知如何實踐或一時無意分了神，而且以上狀況的比例可能高出許多教師的預期。教師如果對此有所認知，下指令時便應該提供清楚明確又容易上手的指引，讓有意遵從的學生能夠輕鬆實踐。這項教學技巧稱爲「怎麼做」，若能加以善用例行的指令能便能更易於上手。

「怎麼做」自然順理成章地從告訴學生怎麼做開始，而不在告知哪些事情不該做。我們常常耗費大量時間以負面形式定義所要求的行爲：「不要分心」「不要再嬉戲搞笑」「停下來」「你的行爲並不恰當」等。諸如此類的命令既模糊不清又欠缺效率，等於強迫學生猜測你的心意，究竟「停下來」是要將停什麼下來？如果學生不想要分心，卻只聽見教師說不要這麼做，替代方案究竟是什麼，學生又該如何知道呢？

就算我們並未以負面形式替行爲下定義，卻倒也未必能提供學生實質協助。如果教師告訴學生要「專心」，試問學生是否知道該如何專心？曾經有人教導過他嗎？又是否了解教師對於注意的明確期待（假設是希望學生雙眼注視講者）？過去是否有人教過他，面對自身的分心和令人分神的誘惑時如何設法避開和自律嗎？「專心」這項指令既無法實質引導學生，也不能提供任何教導。

教師的主要職責之一就是——告知學生應該進行的事務和進行方式。告訴學生如何行動遠比告知該避免哪些行爲更有效率且成效良好，而且還在糾正行爲的當下提醒教師教導的任務，等於在說明教導能解決問題的信念。不過僅僅告訴孩子該怎麼做並不足夠，如果眞的希望能事半功倍，指導就應該明確、具體、步驟清楚並易於觀察。

■**明確易懂**：有效的指導應該要明確，將重點放在學生可行、說明精準的行動上。例如：與其要求學生專心，不如請他將鉛筆放在桌上或雙眼注視教師，這樣確實地指示學生採取行動自然會轉換成專注，易懂好記的同時也是以解決之道爲導向，而且不太容易產生誤解。

■**具體可行**：下指令要有所成效，不能只求明確，可能的話還應該包含清楚可行的任務，讓學生明白如何行動。如果告訴學生要專心，學生對於應該如何行動可能清楚也可能不太明白，但是如果請學生把腳在桌下放好，這樣的要求不可能有學生會誤解或表示不懂。若是學生實踐上看起來有困難，教師可以說得更具體：「身體轉向我，雙腿轉過來放到桌下，椅子向前拉。」這些可行易懂又常見的動作都再眞實不過，類似的指令毫無灰色地帶，也無需經驗或技巧就能夠遵從貫徹。稍後會談到消弭類似的灰色地帶，也能幫助教師進一步了解學生的想法。

■**步驟清楚**：類似「專注」這樣較為複雜的技能幾乎不可能只靠單一特定行動就一次到位，所以講求成效的指令應該包含一連串具體明確的步驟說明。舉例而言，學生如果在專注上需要協助，教師可以建議：「約翰，將腳收回到桌下，放下鉛筆，然後看著我。」如果觀察約翰遵從的情況不錯，還可以加上：「請你將黑板上的字都抄到筆記本上。」

■**易於觀察**：以上述約翰的例子來說，教師提供的各個步驟不僅明確易懂，還易於觀察，每個行動都能盡收教師眼底。這點之所以重要是因為教師的指令既然是一連串明確簡單的步驟，學生極可能順利實踐，所以約翰是否有心遵從自然也清楚可見到難以遁逃。教師如果光是請約翰專心，恐怕難以判斷對方是否做到，因此難以有效追究責任，他可能會說：「我有專心啊。」無論有意或無意，學生往往對於責任歸屬是否清楚都能有所感受，而且懂得加以利用。不過教師若是表示：「約翰，將腳收回到桌下，放下鉛筆，然後看著我」，便能夠清楚掌握他的行動，學生對於教師的觀察也心知肚明，自然比較可能遵從指令。

六、無路可退：

無論學生是因爲無法作答或心有不願，在理想可能的狀態下這種課堂場景最後應該都以學生正確作答收尾。學生一開始回答失敗的原因可能有二：也許費心努力了卻還是欠缺作答的相對知識或技能；也可能根本就無心努力，以「不知道」當擋箭牌，希望教師能夠快快放棄，好讓他輕鬆度過這堂課、這一天、甚至整個學年。

無論原因爲何，重點在於教師應該要有方法讓學生順利作答，學生嘗到成功的滋味後便能建立起努力認眞的責任感，讓學生明白不會因爲不嘗試而因此輕鬆，因爲一樣得回答到底。

無路可退有四項基本模式：

．**模式一：教師提供答案之後請學生加以重述**。

教師：「詹姆斯，此處主題是什麼？」

學生甲：「快樂。」

教師：「詹姆斯，我問主題是在問這句話談論的重點人物或事物。這句話談的是母親，所以母親就是主題。現在請你告訴我此處的主題。」
學生甲：「母親。」
教師：「很好，詹姆斯，主題就是母親。」

．模式二：另一位學生提供答案之後由第一位重述。

教師：「詹姆斯，此處主題是什麼？」
學生甲：「快樂。」
教師：「有沒有同學可以告訴詹姆斯，老師問主題的時候是在問什麼？」
學生乙：「在問這句話談論的人或物。」
教師：「沒錯，我在問這句話談論的人或物。彼得，那這句話在談什麼人或物？」
學生乙：「母親。」
教師：「很好。現在換詹姆斯，此處主題是什麼？」
學生甲：「是母親。」
教師：「沒錯，主題是母親。」

· **模式三：教師提示後請學生以此找出答案。**

教師：「詹姆斯，此處主題是什麼？」

學生甲：「快樂。」

教師：「詹姆斯，我問主題是在問這句話談論的重點人物或事物。現在請你告訴我此處的主題。」

學生甲：「母親。」

教師：「很好，詹姆斯，主題就是母親。」

· **模式四：由另一位學生提示，請第一位學生以此找出答案。**

教師：「詹姆斯，此處主題是什麼？」

學生甲：「快樂。」

教師：「有沒有同學可以告訴詹姆斯，老師問主題的時候是在問什麼？」

學生乙：「在問這句話談論的人物或事物。」

教師：「沒錯，我在問這句話談論的人或物。詹姆斯，此處主題是什麼？」

學生甲：「是母親。」

教師：「很好，詹姆斯，主題就是母親。」

正向包裝——正向事物遠比負面事物更能激發人的動力，追尋成功和快樂比起避免責罰更能激發出強勁的行動。心理學的研究在在證明了預想正向結果比避免負面發展更能激勵人展開行動。所以教師在努力不倦地糾正、改善學生行為時，應該盡可能運用正向力量，以下六項準則供各位參考：

■**活在當下**：無論是在全班學生面前或課堂上，都應該避免在公眾場合就學生無法改正的事物窮追不捨，重點要放在學生當下應該著手改正的面向，才能引導學生向前邁進。想要思考沉澱問題所在，另有其他合適的場合和時機，教師不應該在冒著課程停擺的風險在全班面前投注時間，反而應該秉持目標、清楚指出下一步，例如：「奇愛娜，雙眼向前看」而不是「奇愛娜，不要再看譚雅了」。

■**樂觀假設**：不要將分心、缺乏練習或純粹誤解所造成的結果都貼上蓄意惡行的標籤。除非已經確認學生是蓄意所為，不然在全班面前的評論都應該力求正向，以顯示自己相信學生已經（或將要）盡力遵從指令。「大家等一下，有些人似乎不認為起身排隊前要先將椅子向前靠好」等於影射學生自私、刻意藐視和懶惰，表示「大家等一下，有些人好像忘記將椅子向前靠攏了」不僅更爲正面，還展現出自身對於學生的信心和信任。

再說，抱持悲觀反而會使教師顯得軟弱無力。教師如果表現出自己相信學生會盡力照辦，等於點出大家都明白誰是老大的假設。可是如果反其道而行地說：「查爾斯，你如果再不坐正，下課時間就要被禁足留在教室」，等於顯示自己不相信查爾斯會聽話。可行的取代說法也許類似「查爾斯，讓我看看你能坐得多端正」，表達之後就（暫時）離開，就像在告知對方自己相信他會配合照做。

■**准許學生默默改正**：只要學生有心認眞配合，教師就應該給予學生默默朝目標努力的空間。可能的話先以匿名的方式糾正學生，若是有些學生並未遵從指示，教師一開始糾正時可以表示「大家看看自己是否已經按照老師說的做好了」，通常這麼做的成效會勝過一一點名指正，向全班表示「等一下，某某班（或「勇士們」或「五年級生」或單純說「同學們」），老師剛剛說過了，希望看到大家安靜準備出發！」勝過在全班面前指名道姓地訓話。如同上述談到的樂觀假設，匿名糾正一樣可以落實因果：「有些人一整天都沒能遵從指令，我們只好重來一次。」如果學生無心改正，教師很可能難以繼續匿名糾正，但是指名道姓的糾正不應該是首發作法。教師也應該謹記，儘管使用匿名糾正依然可以有所賞罰，而且還能建立起學生之間的共同責任感，讓大家知道一旦有人不聽話就可能波及全班。

■**產生動力／正向表達**：請比較兩位教師在自身課堂上的表達方式：

教師甲：（下指令之前稍作停頓）「有三位同學要注意，如果說的是你請自行改正！現在還剩兩位，加油。嗯，謝謝。好，現在請大家……」

教師乙：（同樣情景）「有三位同學要注意。又有一位好像聽不懂我的話，現在變成四個人。有些人好像沒在聽，大爺，我還在等耶，再不行就留校查看了。」

第一位教師的課堂似乎能朝理想的方向進行，因爲教師透過指出學生遵從要求和情況改善，表達出自身指令的成效，先引起學生注意之後再將這一點化爲常態。此處的學生很可能對於群體言行較能肩負責任，不過由於教師從未假設失敗，所以學生可能是在毫無察覺中進步。

第二位教師所言沒有人樂見，打從一開始就讓學生感受到教師的恐懼、無力和無可避免的負面結果，一切都朝負面發展而且每況愈下，最後往往卻也不了了之。如果學生只聽到教師一味地談論同儕欠缺責任感（「有些人好像沒在聽」），自然不會擔心因爲共同責任受到波及。

王牌教師懂得化正向發展爲常態，從中產生動力，並且擅於讓學生注意到正向表現以及「持續進步」。反之，表達自身的無力感只會讓學生習慣於教師的無能爲力，如果說出「有些學生都不聽指令」，等於是將此情形攤在陽光下，因此只有懲處或容忍兩條路可選。

■**挑戰！**：孩子都樂於接受挑戰，喜歡證明自己的能力、比賽競爭和成爲贏家，所以教師可以善用這一點鼓勵學生自我證明，將競賽融入課堂：「大家認眞做，最快完成的人可以少寫兩題回家功課！」

■**談談期許和理想**：談談學生的成長和發展方向，記得在言語中表示讚許。如果全班表現優良，可以稱讚他們像「大學生」般有「學者風範」，告訴學生自己好像和未來的總裁、醫師和藝術家共處一室。學生能讓教師引以爲傲固然是好事，能向他們表達這種感受也是美好的經驗，但是最終的目標終究不是要讓學生去討好教師，而是要讓他們能夠向你道別、步上未來更漫長的旅程，朝比讓教師展露笑容更爲重要的目標努力。

教師讚美的層次應該高過自身想法，在較微觀的面向上則應該盡可能運用機會，針對細節表達期許，假設你要糾正學生，可以時表示：「上我的課，學生都會守規矩」，避免說：「有些人就是沒辦法坐端正。」活動結束時則可以說：「已經完成的同學再檢查一下，確認今天可以一百分」，時時刻刻運用言語鼓勵學生心繫目標。

七、形式之重要：

學生發表的意見很重要，溝通的方式卻也不得輕忽，因爲學生必須要將所學內容以多種形式清楚有效地表達出來，才能合乎特定情境和社會的需求。完整表達文句有助於學生順利進入大學就讀，因爲申請大學時要求的作文能力（以及就讀大學後的寫作）都需要句法流利；和潛在雇主談話時必須主詞和動詞一致；職場上也很看重拼字正確。爲了讓學生在未來能夠順利成功，王牌教師會要求學生完整表達文句、拼字正確，並在課堂上運用大量多元的文法，而且善加利用每一個機會加強表達能力。學生光是有絕佳的點子並不足夠，還必須懂得運用良機將好點子以合適的形式表達，才能展現想法的價値。

王牌教師對於表達有下述幾項形式的要求：

■**文法正確形式**：就算教師相信在日常生活或其他場合中，某些異於「標準」的用法可以為人所接受，還是會在課堂上針對句法、用法和文法進行糾正。

在此說明兩種簡單卻實用的方式，無需討論也不會在指正錯誤之外誤生批判。

❶**指出錯誤**：學生犯了文法錯誤時，教師僅僅以質問的語氣重述錯誤：

「We was walking down the street?」

（正確應為：We were walking down the street.）

「There gots to be 8 of them?」

（正確應為：It has to be 8 of them.）

點出問題後請學生自我改正。學生若是無法自我改正，教師可以運用下方的「開始糾正」技巧或是迅速提供正確的句法，請學生接著重複。如此可以讓學生習慣於掌握機會，讓他們明白，假裝不知道答案對自己毫無益處，因為最後還是得重述一次。

❷**開始糾正**：學生犯了文法錯誤時，教師以正確的文法重述答案並讓學生接著完成。以上述的錯誤為例，教師可以先起頭 We were……或 It has to……並要求學生完整說出正確答案。

■**完整語句形式**：教師應該要堅持學生以完整語句作答，並盡可能在這項關鍵技能上提供大量練習。以下幾種方式都能幫助學生在口語和寫作上持續重複練習，將語句完整表達。例如：

Ⓐ說出完整語句的前兩個字以提醒學生如何開頭。這種作法特別適用於還未能獨自回答所有問題的學生：

教師：「詹姆斯，這裡總共有幾張票？」

學生：「六張。」

教師：「總共有……」

學生：「總共有六張票在籃子裡。」

Ⓑ在學生開始作答前先行提醒。提問時的句尾可以加上「重述問題」作爲提醒。爲了幫助學生學習這項技能，教師可以在每一次提問後緊接著「重述問題」提示，例如：

教師：「賈麥，故事的背景爲何？請重述問題。」

學生：「故事的背景爲二〇一三年的洛杉磯。」

Ⓒ於學生作答之後，盡可能以最順暢的方式迅速簡明地提醒，例如：

教師：「凱薩出生於幾年？」

學生：「西元前一百年。」

教師：「請像學者般發言。」

學生：「凱薩出生於西元前一百年。」

■**聲音表達形式**：教師應該要堅持學生以清亮的聲音發言。畢竟全班三十個人的討論，若是只有幾個人能聽見發言，意義何在？值得在課堂上討論的議題自然重要到每個人都應該要能聽清楚，否則會對於課堂討論的重要造成間接卻強烈的負面影響，因爲課堂討論和學生參與的重點都在表達想法，是否聆聽討論並無灰色地帶，所以教師應該要強調傾聽同儕的重要，而第一步就是要求學生發言時能讓全班聽見。

簡言之，教學時應該要以高標準來加強重要的特質，幫助學生透過內化成習慣，爲日後的成功打下基礎。別忘了，高等教育的入學門檻會就某些形式注重要求，所以何必讓學生少了機會練習就讀大學時必須熟習的形式呢？

附錄 B

教師練習活動範例

本章涵蓋了我們在訓練教師和學校領導階層時使用的三種活動，以範例呈現如何將《王牌教師的教學力》中的技巧加以運用和練習，希望透過這些練習活動提供額外的情景架構，進一步協助讀者了解並和本書中的各點相互呼應，藉由具體範例說明如何將練習的法則應用於各項練習活動。

一、無路可退重述練習

練習背景：王牌教師能夠在學生（尚未）不知道答案時便迅速設定標準，要求學生在學習過程中有參與的責任，要建立起這項共識可以透過「無路可退」的教學技巧，將無法作答的學生和經常回答該問題的學生建立連結。

練習目的：這些活動的目的在於讓教師學到無可退路的教學技巧後能儘快著手運用，為此我們將活動簡化，目的在一、讓參與者透過多次重述開始感到習慣自然；二、讓參與者嘗試多種可能情境下的簡單版活動，無需因為可能出差錯而擔心。簡而言之，目標在於讓參與者練習順利。

活動內容：本項練習活動包含了三個角色：教師、學生 A 和學生 Z 。教師先向學生A提問，學生A回答錯誤之後教師便採用無路可退的技巧協助學生A正確作答。此活動的目的在於幫助教師在相對簡單且可預期的情境下，更熟悉自在地運用無路可退的教學技巧，進行時請特別注意自身的語調和肢體語言有何改變，從中找出最自然合適的自我詮釋。

■主持人引導練習

步驟一（五分鐘）：請教師詳讀教師講義中的四種不同版本，規畫自己在各個情境中的回應作法。

步驟二（二分鐘）：請教師以三人爲單位分組，三人輪流扮演以下角色：

❶教師
❷學生A
❸學生Z

步驟三（共二十分鐘，每一輪約五分鐘）：每一輪在下列幾點上都應該維持一致：

Ⓐ教師問學生A簡單的問題：「三加五等於多少？」

Ⓑ學生A無法作答，不過每一輪都按照講義上的提示加以變化（包含不同語氣）。

Ⓒ教師請學生Z正確作答，然後回頭以無可對路的技巧指導學生A。

所有教師都完成一輪之後，短暫地就檢討問題進行討論，接著繼續進行其他變化版本的練習。這項練習的目的並不在於如何應用回饋，而是協助教師於不同現實情境下也能將無路可退的技巧運用自如。

■教師參考練習

變化一：學生A作答錯誤但是語氣顯示出誠懇努力，學生Z接著提出正確解答。請就此準備回應。

檢討：你和其他組員是否能將錯誤正常化，讓學生A感覺到，在一開始回答錯誤之後繼續找出正確答案本屬學校教育的一環。如果順利達此目標，成功的因素爲何？

變化二：學生A以不屑的語氣回答「不知道」，學生Z接著提出正確解答。請就此準備回應。

檢討：學生 A 表現出負面、挑釁且不屑的態度時，你的回應有何不同？組員做了哪兩項事情幫助最大？

變化三：學生 A 作答錯誤，但是語氣顯示出誠懇努力，學生 Z 被接著問到時回答「不知道」。請就此準備回應。

檢討：哪些言語或行動在此情境下能發揮成效？

變化四：在最後一回合的第四次練習中，學生 A 作答錯誤，但是語氣顯示出誠懇努力，學生 Z 接著提出正確解答。此時教師應該要提高難度繼續提問、激勵學生努力。請就此準備回應。

檢討：哪些言語或行動在此情境下能發揮成效？

二、有力之聲密集練習

練習背景：有力之聲（語言精簡洗練、全場只有一個聲音、不加入新的主題、抬頭挺胸／佇立不動、沉靜的力量）對於學生能夠產生極大的影響，往往也能在問題失控之前和緩原本可能一觸即發的情境。這項練習活動之所以效果極佳可歸功於有力之聲的幾項練習元素：

Ⓐ每一位成員都可以扮演所有的角色，十分有利於角色扮演的正常化，因為站在「舞台」上不單僅一人。

Ⓑ有助於回饋流程的常態化，激發每一位成員發自內心地回饋。

Ⓒ於回饋中運用一些次技巧的詞彙有助於將回饋具體化。

練習目的：本活動的目的在於透過重複練習，讓教師於課堂上對有力之聲的技巧更為運用自如。我們進行這項活動時通常會選擇三至四種變化情境，重複到最後不再提供回饋的練習形式。教師到了這個階段應該會因為肌肉記憶能自然而然地運用技巧（法則3）。

活動內容：參與者透過角色扮演在一般的師生互動情境中練習，使用有力之聲的技巧請癱坐的學生端正姿勢。

■主持人引導練習

步驟一（五分鐘）：參與者採取如何運用有力之聲糾正學生的角度，思考其中可行和應該避免的項目，完成密集練習的計畫表格。

步驟二（十分鐘）：根據有力之聲密集練習的末尾圖表，請參與者排隊。

·作法：每位成員透過角色扮演輪流擔任學生、教師和提供回饋的教練，輪完一回後繼續排隊，重新從扮演學生開始。

·角色：

「學生」：癱坐在座位上，在教師要求坐正之後立刻配合。

「教師」：運用有力之聲的法則改正學生的坐姿。在變化一之中僅需表示「我希望你坐正。」勿擅自改變話語。

「教練」：提供的回饋應該涵蓋一項教師表現不錯的項目和一項可以改善之處，鼓勵教練使用下列語句開頭：

＊在……方面表現得很棒

＊下一次可以試試……

＊請教練使用有力之聲中的次技巧語彙，例如：「你很成功地讓學生抬頭挺胸。下

一次可以試以非言語提示加強指令。」

步驟三（二十分鐘）：選用下述變化中的幾樣（每一變化練習約三至五分鐘長）繼續有力之聲練習。

情境變化：

❶延遲回應：請學生默數到三才遵從教師指令。

❷非語言形式：僅以非語言形式指正學生坐姿（例如：以手指示學生坐端正）。

❸即時回饋：立即實踐回饋意見（例如：請扮演教師的角色連續進行兩回合才轉扮演學生，即在等待輪流前先立即落實回饋意見。）

❹狀態不佳的超級學生：教師假設面對的是自己最喜歡的學生，但他當天狀態不好。

❺語言精簡洗練：教師可以透過不同言語請學生改正坐姿。

❻不提供回饋：不再提供回饋（例如：刪除教練角色），盡可能迅速地輪流以儘快增加練習機會。

請運用下方圖表列出在課堂上使用有力之聲時的可行和不可行之處：

可行	不可行

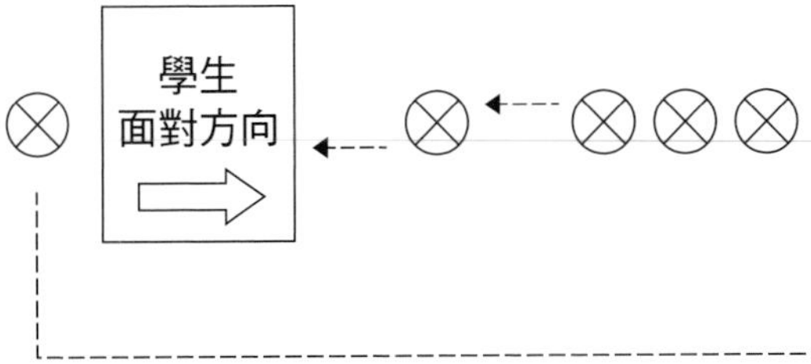

一、教師請學生坐端正
二、學生遵從指令
三、位於學生身後的教練提供回饋
四、教師改扮演學生
五、學生改扮演教練
六、教練重新排隊輪流

三、運用非語言介入進行角色扮演

練習目標：此活動的目的是提供參與者練習機會以改善非語言介入的技巧，希望能幫助教師運用最溫和間接的方式讓學生達到言行的高標準。此處採用簡單的教學內容（教導學生宣示效忠），好將非語言介入的技能獨立出來。

練習內容：教師練習如何以百分之百非語言的方式傳達指令，透過角色扮演以非語言的形式糾正學生分心的行為。

練習背景：非語言介入對於百分之百的課堂掌控是一大關鍵，運用得當的話有助於教師在持續教學的同時管束學生言行，讓課堂能夠繼續正常運作，而且也能避免產生惡性循環，不至於為了糾正某些學生的言行而打斷其他認眞的學生學習。

■主持人引導練習

步驟一（十分鐘）：先請參與者完成角色扮演的教師參考表格（見三百三十七頁），寫下面對各種學生不當的行為應該如何以非語言介入處理，並提醒參與者目標是在不暫停教學的前提下糾正行爲，其中最佳的介入方式應該：

Ⓐ簡單：希望能立即生效

Ⓑ清楚：定義詮釋必須明確一致

Ⓒ正向：聚焦於解決之道而非問題上

請所有的參與者嘗試第一個範例，分享個人的答案之後再完成表格中的其他項目。

步驟二（五分鐘）：從表格項目中選擇幾種行爲，請參與者針對這幾個項目展示會考慮使用的非語言介入，盡可能就每一種行爲項目找出幾項可能的示範（例如請多位參與者示範），接著就相似和差異之處進行討論。

步驟三（十分鐘）：情境——告知參與者現在開始進行角色扮演，透過教師在教學同時糾正學生行爲，練習應用類似的介入作法，並假設課程目標在讓全班學會宣示效忠並能熟記於心。請將下列角色加以分配：

・「學生」——聽教師講課並遵從指令。

・「反派分子」——請兩名學生輪流展現教師參考資料上的行爲，兩人的問題表現間隔約十五至二十秒。兩位反派位子的所在位置應該盡可能維持距離。

・「教師」——教導學生宣示效忠，運用非語言指令排解事先刻意規畫的問題行爲。

・「教練」——觀察角色扮演的情形，並就教師運用非語言指令的表現提供回饋。以下的語句開頭可供參考：「你在……方面表現得很棒」「也許下次在……上可以試試……的不同作法」。

這項練習的目的是強迫教師在教學的同時，善用不同的手勢和非語言介入，因此反派份子如果感受到教師採取了簡單、明確且頗爲正向的非語言介入，便應該要改正問題行爲。

步驟四（五分鐘）：請教師重複一小部分的練習並依據教練的回饋意見加以調整。第一回扮演教師的人在完成練習之後便可以繼續輪流，讓更多人有扮演教師的機會。

步驟五（十分鐘）：討論——參與成員應就扮演的角色進行檢討。

・「教師」的檢討問題：

＊這項活動最困難之處爲何？

＊採用的介入作法中哪一項成效最佳？又原因何在？

*哪些事情有助於你有效掌控狀況？

·「學生」的檢討問題：

*對於教師和你或其他學生的互動有何觀察？

*身爲接受教師指令的學生，你是否感覺到投入的參與感，以及個人對於這門課的重要？在課堂上能夠集中注意力嗎？

步驟六（五分鐘）：稍早的活動顯示出非語言介入的成效有高低之分，以小組討論的方式，列出有助於非語言介入發揮效果的實用收穫（例如：手勢務必要在學生的視線範圍內）。

■教師參考練習

以下表格列出的各種學生行爲可能都需要以非語言方式處理，請就各項思考出能有效應對的非語言介入。理想的介入方式應該：

Ⓐ簡單：希望能立即生效。

表格已經就第一個行為列出了範例作法，
請就其他行為想出應對的介入方式：

行為一：學生癱坐於座位上。
糾正一：使用雙手「交疊」的姿勢（雙手交疊於身前，手肘呈九十度，十指交錯）指示學生端正坐姿。
行為二：學生將頭擱在桌上（雙眼朝上）。
糾正二：
行為三：學生將頭擱在桌上（雙眼閉合）。
糾正三：
行為四：學生在課堂進行到重要時刻表示要上廁所。
糾正四：
行為五：平時學習狀況不佳的學生，今日表現良好且認真努力。
糾正五：
行為六：學生不停地（因為和教師提問無關的事情）舉手。
糾正六：
行為七：學生一直忙著（好似找東西般）看著桌下。
糾正七：
行為八：學生盯著窗外。
糾正八：

Eurasian Publishing Group
圓神出版事業機構
用心與你對話・網野無限寬廣
方智出版社
Fine Press

www.booklife.com.tw　reader@mail.eurasian.com.tw

生涯智庫 167

完美練習：成功解鎖1萬小時魔咒，將技能轉爲本能的學習法則

作　　者／道格・勒莫夫（Doug Lemov）、艾麗卡・伍爾維（Erica Woolway）、
　　　　　凱蒂・葉次（Katie Yezzi）
譯　　者／陳繪茹
發 行 人／簡志忠
出 版 者／方智出版社股份有限公司
地　　址／台北市南京東路四段50號6樓之1
電　　話／（02）2579-6600・2579-8800・2570-3939
傳　　真／（02）2579-0338・2577-3220・2570-3636
總 編 輯／陳秋月
副總編輯／賴良珠
責任編輯／鍾瑩貞
校　　對／鍾瑩貞・賴良珠
美術編輯／林韋伶
行銷企畫／詹怡慧・王莉莉
印務統籌／劉鳳剛・高榮祥
監　　印／高榮祥
排　　版／陳采淇
經 銷 商／叩應股份有限公司
郵撥帳號／18707239
法律顧問／圓神出版事業機構法律顧問　蕭雄淋律師
印　　刷／祥峰印刷廠

2019年4月　初版
2022年6月　7刷
Practice Perfect: 42 Rules for Getting Better at Getting Better copyright © 2012 by Doug Lemov, Erica Woolway and Katie Yezzi.
Chinese translation rights arranged through Bardon-Chinese Media Agency.
Complex Chinese edition copyright © 2019 by FINE PRESS, an imprint of Eurasian Publishing Group
All rights reserved.

定價 350 元　ISBN 978-986-175-520-5
版權所有・翻印必究

◎本書如有缺頁、破損、裝訂錯誤，請寄回本公司調換　Printed in Taiwan

漫不經心地重複同一件事毫無助益·重複的目的在發現自己的弱點，
並聚焦於加強弱點，嘗試以不同方式改善，直到找出最佳策略爲止。

——《刻意練習》

◆ **很喜歡這本書，很想要分享**

圓神書活網線上提供團購優惠，
或洽讀者服務部 02-2579-6600。

◆ **美好生活的提案家，期待為您服務**

圓神書活網 www.Booklife.com.tw
非會員歡迎體驗優惠，會員獨享累計福利！

國家圖書館出版品預行編目資料

完美練習：成功解鎖1萬小時魔咒，將技能轉為本能的學習法則 ／道格·勒莫夫（Doug Lemov），艾麗卡·伍爾維（Erica Woolway），凱蒂·葉次（Katie Yezzi）作；陳繪茹 譯. -- 初版. -- 臺北市：方智, 2019.04
344 面；14.8×20.8公分. --（生涯智庫；167）
譯自：Practice Perfect : 42 Rules for Getting Better at Getting Better
ISBN 978-986-175-520-5（平裝）
1.學習方法
521.1　　108001758